식비 걱정 덜어주는 사계절 레시피

2만원으로 일주일 집밥 만들기

올로리아 **송혜영** 지음

길벗

2만원으로 일주일 집밥 만들기

초판 발행 · 2021년 11월 19일
초판 6쇄 발행 · 2025년 3월 7일

지은이 · 송혜영(욜로리아)
발행인 · 이종원
발행처 · (주) 도서출판 길벗
출판사 등록일 · 1990년 12월 24일
주소 · 서울시 마포구 월드컵로 10길 56 (서교동)
대표전화 · 02) 332-0931 | **팩스** · 02)323-0586
홈페이지 · www.gilbut.co.kr | **이메일** · gilbut@gilbut.co.kr

편집팀장 · 민보람 | **기획 및 책임편집** · 서랑례(rangrye@gilbut.co.kr) | **제작** · 이준호, 손일순
마케팅 · 정경원, 김진영, 조아현, 류효정 | **유통혁신** · 한준희 | **영업관리** · 김명자 | **독자지원** · 윤정아

진행 · 김소영 | **디자인** · 황애라 | **조판** · 박찬진 | **교정** · 추지영 | **사진** · 장봉영 | **사진 어시스턴트** · 박효정, 신지우
푸드스타일리스트 · 정재은 | **푸드스타일링 어시스턴트** · 장미진, 변연서, 최부균
CTP 출력 · **인쇄** · 교보피앤비 | **제본** · 경문제책

- 이 책은 저작권법의 보호를 받는 저작물로 이 책에 실린 모든 내용, 디자인, 이미지, 편집 구성은 허락 없이 복제하거나 다른 매체에 옮겨 실을 수 없습니다.
- 인공지능(AI) 기술 또는 시스템을 훈련하기 위해 이 책의 전체 내용은 물론 일부 문장도 사용하는 것을 금지합니다.
- 잘못 만든 책은 구입한 서점에서 바꿔 드립니다.

ISBN 979-11-6521-755-6(13590)
(길벗 도서번호 020181)

정가 16,800원

독자의 1초까지 아껴주는 정성 길벗출판사
(주)도서출판 길벗 | IT단행본&교재, 성인어학, 교과서, 수험서, 경제경영, 교양, 자녀교육, 취미실용 www.gilbut.co.kr
길벗스쿨 | 국어학습, 수학학습, 주니어어학, 어린이단행본, 학습단행본 www.gilbutschool.co.kr

독자의 1초를 아껴주는 정성!
세상이 아무리 바쁘게 돌아가더라도
책까지 아무렇게나 빨리 만들 수는 없습니다.

인스턴트 식품 같은 책보다는
오래 익힌 술이나 장맛이 밴 책을 만들고 싶습니다.

땀 흘리며 일하는 당신을 위해
한 권 한 권 마음을 다해 만들겠습니다.

마지막 페이지에서 만날 새로운 당신을 위해
더 나은 길을 준비하겠습니다.

독자의 1초를 아껴주는 정성을 만나보십시오.

작가의 말

자취생과 요리 초보도 맛있는 집밥을 만들 수 있는 《만원으로 일주일 반찬 만들기》에 이어 조금 더 푸짐하고 조금 더 맛깔나는 《2만원으로 일주일 집밥 만들기》를 만들었어요.

진간장과 국간장은 사용할 줄도 모르고 조리할 줄 아는 것이라고는 라면밖에 없었던 요리 초보와 자취생들이 인스턴트식품으로 건강이 안 좋아졌는데 '일주일 반찬 만들기'를 보고 집밥을 챙겨 먹으니 몸도 건강해지고 생활비도 많이 절약되었다는 후기를 읽을 때마다 정말 뿌듯합니다.

첫 번째 책 《만원으로 일주일 반찬 만들기》는 기본 양념과 최소한의 재료로 푸짐하고 건강한 음식을 만들어 먹을 수 있는 레시피입니다. 그리고 두 번째 책 《2만원으로 일주일 집밥 만들기》는 오래 보관할 수 있는 기본 재료와 다양한 양념을 더해서 같은 음식이라도 더 맛있게 만들 수 있는 레시피를 담았어요. 홈파티 레시피는 따로 모았지만, 일부 반찬들은 홈파티 요리로도 손색없이 차릴 수 있답니다.

두 번째 일주일 반찬 책을 쓰다!

"작가님, 《만원으로 일주일 반찬 만들기》 두 번째 책을 쓰셔야죠?" 하고 출판사에서 연락이 왔을 때 정말 하늘이 노랬어요. "네? 만원요? 일주일요?" 달걀 한 판에 1만 2천 원, 파 1단에 7천 원, 정신없이 올라가는 물가에 더 이상 '만원으로 일주일 반찬 만들기'가 나오기 힘들었거든요. "만원을 빼거나 일주일을 빼주세요." 정말 간절한 부탁이었습니다. 아무리 집밥 전문가여도 빠르게 상승하는 장바구니 물가를 잡을 수는 없으니까요.

매번 장바구니 금액에 깜짝 놀라지만 집밥 전문가인 욜로리아는 오른 물가만큼 더 많은 종류의 반찬을 만들었어요. 조금 더 싱싱하고 저렴하게 구할 수 있는 재료와 고기, 생선류를 더 담고, 한번 구입한 재료를 남김없이 사용했습니다. 그래서 장바구니 금액은 올라갔지만 저희 집 식탁은 더 푸짐하고 더 다양하게 차릴 수 있습니다.

일주일 반찬 만들기가 이루어내는 소소한 집밥 재테크

제가 어릴 때만 해도 콩나물값 아껴서 집 사고 차 산다는 말이 있었어요. 정말 집밥 재테크로 아이들 피아노도 사주고, 자동차며 가전제품을 바꾸는 어머니들이 주변에 많았습니다. 요즘 세상에는 조금 불가능할 것 같지만 재료별 조리법과 양념 활용으로 다양한 맛을 낼 수 있다면 계획적인 장보기와 집밥 만들기로 식비를 아끼면서도 잘 먹을 수 있어요.

그렇게 절약한 돈으로 우리 아이 학원 한 군데 더 보낼 수 있고, 예쁜 옷 한 벌 더 살 수 있죠. 식비를 일부러 줄이려고 한 건 아니지만 집밥 가계부를 보면 흐뭇한 미소가 나옵니다. 하루 외식비로 일주일 넘게 정말 맛있고 건강한 집밥을 먹을 수 있거든요.

'일주일 반찬 만들기'로 맛있는 집밥도 먹고 소소한 집밥 재테크도 하니 더할 나위 없어요. 가끔 배달 음식을 먹거나 외식을 하고 나면 "역시 엄마가 해주는 집밥이 제일 맛있어", "회사 급식은 정말 맛없어서 안 먹을 때가 많아!"라고 가족들이 이야기하면 조금 힘들어도 그 이상의 기쁨을 얻는답니다. '아낄 수 있는 건 밥값밖에 없다!'는 말이 있는데, 궁색하게 아끼지 않고 건강하게 더 잘 먹고 더 맛있게 먹을 수 있어요.

1인칭 시점 집밥 만들기

아내의 집밥, 엄마의 손맛을 느끼는 것도 좋지만 아내와 엄마를 위해 직접 밥상을 차려보세요. 자신의 요리 솜씨가 좋아지는 것을 느낄 수 있을 거예요. 어느 날 "나도 엄마랑 똑같이 만드는데 왜 맛이 안 나?"라고 아이가 물어보더군요. "음식은 타이밍이라는 게 있어. 양념을 넣어야 할 때, 내 입맛에 맞는 적절한 양념 조절과 끓는 시간, 먹을 때의 온도가 있어. 자꾸 만들다 보면 맛있는 재료와 타이밍을 맞출 수가 있지."

집밥을 만드는 데 드는 노력과 시간을 다른 활동에 투자하는 것이 더 좋을 때도 있습니다. 하지만 건강상의 이유나 환경적, 경제적 어려움이 발생했을 때 스스로 요리할 줄 아는 것은 분명 아주 큰 도움이 됩니다. 건강이 나빠져서 패스트푸드나 외부 음식을 먹지 말아야 할 때도 있고, 엄마의 된장찌개, 아내의 육개장이 너무도 그리운 날이 있으니까요.

Special Thanks to

첫 번째 책 《만원으로 일주일 반찬 만들기》, 두 번째 책 《한 달에 7kg 빠지는 다이어트 레시피》, 그리고 세 번째 책 《2만원으로 일주일 집밥 만들기》를 낼 수 있도록 응원해주고 사랑해주신 욜로리아 채널 구독자 뽀그리님들 모두모두 감사드립니다. 멋지고 예쁜 책으로 만들어주신 길벗출판사 관계자분들께도 감사드립니다. 무엇보다 따뜻할 때 먹어야 제일 맛있는 집밥을 레시피 작업과 촬영으로 바로 먹지 못하고 "이제 먹어도 돼~"라고 할 때까지 참고 기다려준 소중한 나의 가족들, 진심으로 사랑하고 감사합니다. 《2만원으로 일주일 집밥 만들기》가 여러분의 장보기 시간과 비용을 아껴주고, 맛있고 건강하고 여유로운 집밥을 만들 수 있기를 바랍니다.

일러두기

유튜버 욜로리아의 요리 꿀팁

욜로리아가 추천하는 꼭 필요한 기본 조리도구와 집에 구비해두면 좋은 양념들을 소개합니다.
이 책에 사용된 계량법 및 재료 써는 방법을 알기 쉽게 풀어놓았습니다. 요리 초보도 이 책에 나오는 계량법을 따라 레시피대로 요리한다면 맛있는 반찬을 만들 수 있습니다.

일주일에 2만원으로 6~8가지 반찬을 만들 수 있는 재료를 소개합니다. 수량과 가격, 레시피에 필요한 기본 양념과 재료를 한눈에 볼 수 있습니다.

각 주별로 만드는 메뉴의 특징을 미리 보여줍니다.

유튜버 욜로리아의 일주일 장보기

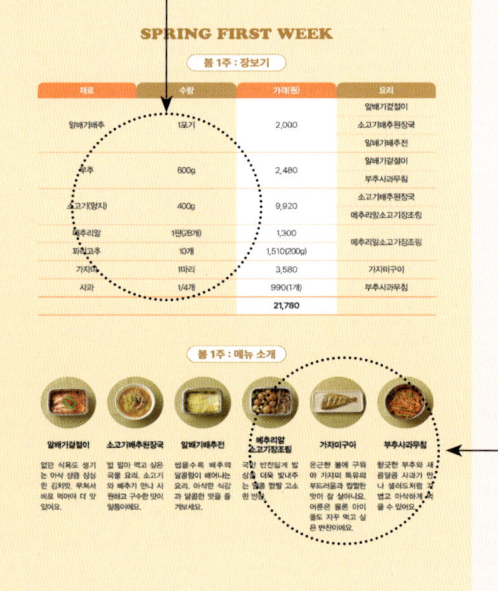

유튜버 율로리아의 쉽고 빠른 레시피 소개

구입해야 하는 재료와 집에 있는 기본재료로 나누어 보여줍니다.

모든 요리 과정은 자세한 사진과 친절한 설명으로 풀어냈습니다.

재료 손질부터 완성까지 걸리는 시간과 밀폐용기에 넣어 냉장 보관할 수 있는 기간을 한눈에 보여줍니다.

율로리아가 강조하는 조리 과정에 필요한 팁과 주의 사항을 알려줍니다.

미리 알려드립니다.

- 책에 소개된 레시피는 유튜버 율로리아의 레시피를 책의 특성에 맞게 정리, 수정한 것입니다. 현재 율로리아의 유튜브 계정에 올라와 있는 영상 속 레시피와는 차이가 있을 수 있습니다.
- 책에 소개된 장보기 가격은 이마트 기준으로 작성되었습니다. 물건 가격은 시기, 장소에 따라 유동적이고 절대적인 가격이 아니므로 참고만 해주세요.
- 보관 기간은 냉장 보관 기준입니다. 냉장고의 상태에 따라 보관 기간이 달라질 수 있습니다.

Contents

- 004 작가의 말
- 006 일러두기
- 008 목차
- 012 기본 조리도구
- 014 기본 양념
- 016 간단하게 계량하기&재료 써는 법
- 018 욜로리아 Q&A

Spring
2만원으로 일주일 집밥 만들기

- **022 봄 1주 장보기**
- 024 알배기겉절이
- 026 소고기배추된장국
- 028 알배기배추전
- 030 메추리알소고기장조림
- 032 가자미구이
- 034 부추사과무침
- **036 봄 2주 장보기**
- 038 마요네즈샐러드
- 040 멸치볶음
- 042 꽈리고추장아찌
- 044 오이겨자무침
- 046 오이볶음
- 048 땅콩조림
- **050 봄 3주 장보기**
- 052 닭개장
- 054 얼갈이김치
- 056 고사리나물볶음
- 058 숙주달걀볶음
- 060 숙주닭고기겨자무침
- 062 취나물무침
- **064 봄 4주 장보기**
- 066 돼지갈비찜
- 068 천사채샐러드
- 070 개두릅초고추장무침
- 072 개두릅장아찌
- 074 개두릅전
- 076 감자크로켓

2만원으로 일주일 집밥 만들기
Summer

- 080 여름 1주 장보기
- 082 브로콜리참깨무침
- 084 콩나물제육볶음
- 086 국밥집 섞박지
- 088 콩나물뭇국
- 090 달콤한 달걀말이
- 092 순두부찌개
- 094 팽이버섯전
- 096 푸딩달걀찜
- 098 여름 2주 장보기
- 100 진미채무침
- 102 진미채볶음
- 104 진미채버터구이
- 106 스팸두부찌개
- 108 스팸두부조림
- 110 매운어묵탕
- 112 어묵조림
- 114 여름 3주 장보기
- 116 오징어초무침
- 118 무말랭이무침
- 120 고춧잎된장무침
- 122 오이소박이
- 124 부추무침
- 126 도라지나물
- 128 여름 4주 장보기
- 130 열무된장무침
- 132 열무장아찌
- 134 찜닭
- 136 알감자조림
- 138 두부버섯전골
- 140 스팸두부샌드

2만원으로 일주일 집밥 만들기
Fall

- 144 가을 1주 장보기
- 146 참치무조림
- 148 깻잎참치전
- 150 깻잎순나물

152 가지찜무침
154 가지냉국
156 미역줄기볶음
158 가을 2주 장보기
160 무청된장지짐
162 동태찌개
164 두부간장조림
166 애호박느타리버섯볶음
168 콩나물잡채
170 시금치된장무침
172 가을 3주 장보기
174 마라샹궈
176 소고기채소말이구이
178 채소찜
180 연근들깨무침
182 연근초절임
184 불고기
186 가을 4주 장보기
188 소고기된장찌개
190 두부두루치기

192 애호박무침
194 새송이조림
196 초고추장비빔고기
198 삼치간장조림

2만원으로 일주일 집밥 만들기
Winter

202 겨울 1주 장보기
204 파래무침
206 마파두부
208 연근돼지고기전
210 표고버섯연근조림
212 코다리조림
214 콩비지찌개
216 겨울 2주 장보기
218 청국장찌개
220 톳두부무침
222 조기조림
224 애호박전

226 낙지볶음
228 애호박찌개
230 **겨울 3주 장보기**
232 바지락찜
234 바지락시금치된장국
236 시금치고추장무침
238 뱅어포조림
240 마늘종무침
242 마늘장아찌
244 **겨울 4주 장보기**
246 양미리간장조림
248 냉이된장무침
250 냉이된장국
252 꽃새우고추장볶음
254 고구마줄기볶음
256 촌돼지두루치기

Home Party
2만원으로 일주일 집밥 만들기

260 가지튀김샐러드
262 차슈
264 잡채
266 고추잡채
268 유산슬
270 훈제오리단호박구이
272 훈제오리쌈
274 오징어숙회파말이
276 공심채돼지고기볶음
278 새우버터구이
280 굴전

282 INDEX

기본 조리도구

요리할 때 꼭 필요한 조리도구를 소개합니다.

도마
재료 썰기

재료를 썰고 다질 때 사용해요. 도마는 사용 후 항상 깨끗하게 씻어 말려서 보관해야 합니다.

부엌칼
재료 썰기

재료를 썰고 다질 때 사용해요. 요리 초보에게는 칼날 위에 구멍이 뚫린 제품을 사용하면 썬 재료가 덜 달라붙어 편해요. 뭉툭해지면 칼날을 갈아서 사용해야 안전해요.

냄비 16cm, 20cm
간단한 국, 찌개

작은 냄비는 한쪽 손잡이가 있는 편수가 좋아요. 한손으로 들어 옮기거나 물기를 따라내야 할 때는 편수 냄비가 편리합니다.

깊은 냄비 24cm
국물 요리, 삶기

국물이 넘치거나 오래 끓여야 하는 음식, 많은 분량을 조리할 때 유용합니다.

프라이팬 뚜껑

음식을 빨리 익힐 때 필요합니다. 다양한 크기의 프라이팬에 두루 사용할 수 있는 멀티 뚜껑도 있어요.

프라이팬 24cm
간단한 구이와 볶음

작은 프라이팬이 있으면 편하지만, 1개만 사용할 때는 24cm가 유용합니다.

궁중팬 28cm
반찬 볶음용, 부침용

움푹하게 들어간 프라이팬으로 볶음류 반찬, 볶음밥 등을 만들 때 재료가 넘치지 않아서 좋아요.

사각 프라이팬
달걀말이

달걀말이를 편하게 만들 수 있어요.

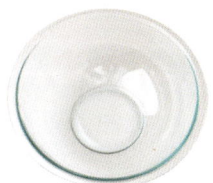   

믹스볼
양념 재우기, 재료 준비

양념을 버무리거나, 채소를 씻어 담고 쌀을 씻는 등 여러 가지 용도로 활용할 수 있어요.

거름체
물기 빼기

채소를 데치거나 국수를 삶을 때 물기를 빼기 편해요.

물컵 200ml
계량

국, 김치 등 많은 양의 액체를 계량할 때 계량컵 대신 편하게 사용할 수 있어요.

국자
국물 뜨기

국물을 편하게 덜어낼 수 있어요.

  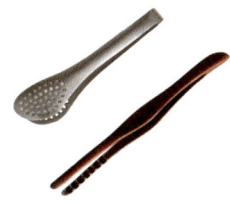 

뒤집개
부침, 뒤집기

부침개, 전 등 넓적한 요리를 뒤집거나 덜어낼 때 사용해요. 나무 또는 실리콘 재질을 사용하면 프라이팬 코팅이 상하지 않아요.

볶음 주걱
반찬 볶기

나무 또는 실리콘 주걱을 사용하면 프라이팬 코팅이 상하지 않아요.

집게
집고 옮기기

고기 또는 재료를 집어서 옮길 때 편해요.

가위
자르기

다양한 재료를 쉽게 자를 수 있어요.

기본 양념

《2만원으로 일주일 집밥 만들기》에 들어가는 기본 양념 재료입니다.

진간장
조림류와 양념장에 넣습니다. 가격이 저렴하고 달콤한 짠맛을 냅니다.

양조간장
무침이나 양념장에 넣습니다. 혼합물이 적고 단맛이 적기 때문에 당류를 조절해야 할 때 사용합니다.

국간장
국, 나물류의 간을 맞출 때 소금 대신 사용합니다. 진간장이나 양조간장 대신 사용하면 매우 짜니 주의하세요.

콩유, 옥수수유
가격이 저렴하고 일반적으로 사용합니다.

포도씨유
발연점이 높아 튀김, 볶음 등에 사용하고, 샐러드 드레싱에도 넣습니다.

올리브유
샐러드 드레싱이나 양념장에 넣습니다. 일반 식용유보다 발연점이 낮아 낮은 온도로 볶을 때 사용합니다.

물엿
단맛과 윤기를 내주는 역할을 합니다. 조림류와 장조림을 만들 때 양념이 빨리 스며들게 하고 수분을 날려줍니다.

올리고당
단맛과 윤기를 내며, 물엿 대신 사용합니다.

설탕
무침, 조림, 소스 등에 단맛을 내주고, 감칠맛을 더해주기도 합니다.

양조식초
장아찌 등 물기가 많이 필요할 때는 양조식초를 넣어주세요.

2배, 3배 식초
무침류를 만들 때 2배, 3배 식초를 사용하면 물기가 덜 생깁니다.

요리에센스
콩 발효액으로 깊고 풍부한 맛을 간단하게 내고 싶을 때 사용합니다.

꽃소금
천일염을 끓여서 만든 소금이에요. 입자가 천일염보다 가늘고 맛소금보다 굵어요. 국, 무침 등의 간을 맞출 때, 소량의 배추를 절일 때 등 다양하게 사용합니다.

천일염
입자가 굵고, 김치 절임, 젓갈류 등을 만들 때 사용합니다.

맛소금
MSG를 첨가한 것으로 달걀 프라이 등 간을 살짝 맞출 때 넣습니다.

고춧가루
요리에 매운 맛과 색을 더해줍니다. 음식 종류에 따라 굵기와 색깔, 맵기가 다른 고춧가루를 사용합니다. 요리 초보가 사용하기에는 가는 고춧가루가 적당합니다.

된장
찌개, 국, 나물 반찬에 사용합니다.

고추장
볶음, 무침, 찌개, 소스 등에 매콤하고 달콤한 맛을 내줍니다.

후춧가루
볶음, 찌개, 구이 등에 향신료 역할은 물론 재료의 잡내를 잡아줍니다.

볶음 참깨
반찬 만들기 마지막에 고소함을 더하고 장식 역할도 합니다.

멸치액젓
주로 김치 양념에 넣고, 찌개류에 감칠맛을 더합니다.

굴소스
볶음밥, 반찬 등 다양한 요리에 넣으면 감칠맛이 납니다.

매실액
새콤달콤한 맛을 냅니다. 올리고당이나 설탕으로 대체할 수 있지만 매실액을 넣는 것과 맛이 다릅니다.

맛술
주로 재료의 잡내를 없애기 위해 사용하며, 고기류를 연하게 해주는 역할도 합니다.

참기름
나물류, 비빔밥, 양념장에 고소한 맛과 향을 더해줍니다.

들기름
미역국, 나물볶음, 비빔밥에 들어갑니다. 보관 기간이 짧으니 적은 용량으로 사는 것이 좋습니다.

분말 조미료
육수를 만들기 힘들 때 반찬에 감칠맛을 더하기 위해 사용합니다. 분말 제품은 보관 중에 굳을 수 있으니 소포장 제품을 사는 것이 좋고, 액상 제품은 굳지 않아 편하게 사용할 수 있어요.

간단하게 계량하기

이 책에 사용된 숟가락 계량법을 소개합니다.

가루 계량

1숟가락
집에서 사용하는 숟가락에 수북이 떠서 담아주세요.

0.5숟가락
숟가락 절반 정도만 담아주세요.

조금
숟가락 끝부분만 채울 정도로 담아주세요.

깎아서 1숟가락
숟가락 표면을 평평하게 깎아서 담아주세요.

액체 계량

1숟가락
집에서 사용하는 숟가락에 넘치지 않을 정도로 가득 담아주세요.

0.5숟가락
숟가락의 가장자리가 보일 정도로 담아주세요.

조금
숟가락의 가운데만 채울 정도로 살짝 담아주세요.

장류 계량

1숟가락
집에서 사용하는 숟가락에 가득 떠서 담아주세요.

0.5숟가락
숟가락 절반 정도 수북이 떠서 담아주세요.

조금
숟가락 끝부분만 채울 정도로 떠서 담아주세요.

컵 계량

종이컵 크기의 컵들은 대략 180~200ml 용량입니다.
1컵, ½컵, ⅓컵을 대략 200ml, 100ml, 60ml 정도로 계산하면 됩니다.

재료 써는 법

다양하게 재료 써는 방법을 알려줍니다.

채썰기
재료를 얇고 납작하게 썬 후 겹쳐서 다시 길쭉하게 썰어주세요.

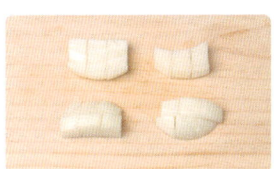

깍둑썰기
가로세로 높이가 비슷하게 사각으로 썰어주세요.

송송 썰기
대파나 고추를 동그란 모양 그대로 얇게 썰어주세요.

어슷썰기
대파나 오이 등 긴 재료들을 비스듬히 썰어주세요.

반달썰기
애호박이나 감자, 당근 등의 재료를 길게 반으로 잘라 눕혀서 일정한 두께로 썰어주세요.

납작썰기
감자나 고구마 등을 반으로 잘라 일정한 두께로 썰어주세요.

욜로리아 Q&A

37만 구독자가 자주 하는 질문을 모았습니다.

'일주일 반찬 만들기'는 메뉴를 먼저 선택하는 건가요, 아니면 장을 보면서 구상하는 건가요?
(S★★ 구독자님)

마트와 시장 상황에 따라 싱싱하고 비싸지 않은 재료들을 구입해 가짓수를 늘리는 경우도 있지만, 주로 이번 주에 먹고 싶은 주메뉴를 먼저 생각해요. 주메뉴의 재료를 가지고 만들 수 있는 반찬을 생각하고 추가 재료를 구입합니다. 계절별로 맛있게 먹을 수 있는 메뉴를 먼저 떠올리고, 싱싱하고 저렴하게 살 수 있는 재료들로 채우다 보면 많은 반찬을 구성할 수 있어요.

자취생이라 없는 재료들이 많아요. 예를 들어 올리고당은 있는데 물엿이나 꿀을 넣어야 할 경우 대체 가능한 재료 리스트가 궁금해요.
(너는★★ 구독자님)

양념류의 짠맛, 단맛을 대체할 수 있는 재료들이 있지요. 국간장이 없는 분들도 많은데 국과 나물 등 짭짤하게 간을 맞출 때 사용하는 국간장은 꽃소금이나 천일염으로 조절하면 됩니다.
조림류를 만들 때 빨리 조리거나 무침용 채소의 수분을 빠르게 제거할 때 사용하는 물엿이 없다면 조림류에는 설탕으로 대체하고, 수분을 빠르게 제거할 때는 소금을 더 많이 사용하는 방법이 있어요. 단, 소금을 더 많이 사용한 경우에 많이 짜다면 꼭 물에 헹궈 물기를 짜냅니다. 깊은 국물맛을 내는 국물용 멸치가 없다면 멸치액젓을 조금 넣어보세요. 짧은 시간에 멸치육수 맛을 낼 수 있습니다. 올리고당은 설탕이나 물엿으로 대신할 수 있어요. 윤기를 내려면 물엿을 넣는 것이 좋고요. 배추나 무를 절일 때 천일염이 없다면 꽃소금을 사용하면 됩니다. 꽃소금은 음식의 간을 맞추고 채소를 절이는 데 사용합니다.

자취생입니다. 오래 보관할 수 있는 일주일 반찬으로 뭐가 있을까요?
(인★★ 구독자님)

설탕과 소금, 간장류의 염분은 음식의 맛을 내기도 하지만 빨리 상하지 않게 합니다. 장조림, 장아찌, 김치 종류는 한 달 이상 보관할 수도 있어요. 짧게는 당일, 길게는 7일 정도 냉장 보관할 수 있는 반찬들은 조금씩 나눠 냉동 보관해두었다가 먹을 때 해동해서 간단하게 볶거나 데우면 됩니다. 같은 반찬이라도 더 오래 보관할 수 있는 보관 용기도 있어요. 밀폐용기나 이중 지퍼백에 넣어서 공기 접촉을 최소화하고, 깨끗한 젓가락과 숟가락으로 덜어서 먹으면 조금 더 오래 보관할 수 있어요. 냉장고의 냉장 성능도 보관 기간에 중요합니다.

어린아이들 반찬 만들기가 궁금해요. 레시피대로 해도 아이들이 잘 안 먹거든요^^; 식사 시간이 어느 때보다 즐거운 시간이 되었으면 하는데, 정성 들인 어떤 음식보다 6세 딸아이는 김자반이 최고, 4세 아들은 국수가 최고라 밥을 준비할 때면 엄마 마음은 작아집니다ㅡ.ㅡ;; 아이들이 잘 먹는 식단과 팁들을 많이 알려주세요.

(향기★★ 구독자님)

아이 반찬, 어른 반찬 따로따로 만들려면 힘들죠. 매콤, 얼큰, 짭짤해야 하는 어른 입맛과 약간 싱겁고 달콤하게 만들어야 하는 아이들 입맛을 한 번에 맞추기는 어려우니까요. 이럴 때는 양파, 대파 등을 넣고 끓이거나 볶아서 단맛을 더하고, 소금 또는 국간장으로 살짝만 간을 맞춰 조금 싱겁게 만들어주세요. 재료가 익으면 아이들용으로 먼저 담고, 나머지에 청양고추, 고춧가루, 마늘, 소금, 간장 등을 추가해 매운맛과 짠맛을 더합니다. 아이들이 좋아하는 소스를 함께 놓아두기도 해요.

맞벌이로 반찬을 만들기가 너무 힘든데 욜로리아님 영상 보며 많은 도움과 배움을 얻고 있어요.
최근 아이들과 남편은 영양을 챙겨줘야 하고 저는 다이어트 때문에 따로 음식을 하려다 보니 힘든데, 몇 가지 재료로 다이어트 음식과 일반 반찬을 같이 만들거나 활용할 수 있는 방법이 있을까요?

(조★★ 구독자님)

다이어트 식단과 가족의 식사를 한 번에 준비하기는 참 힘들어요. 음식을 만들면서 맛을 보다 보면 다이어트를 포기하는 경우가 많죠. 이럴 때는 먼저 다이어트 식단으로 식사를 하고 배고프지 않은 상태에서 음식을 만들어야 먹고 싶은 생각도 없고 맛있게 만들 수 있어요. 또 가족과 함께 식사를 해야 하는 경우에는 다이어트와 일반 식사를 함께 할 수 있는 메뉴를 선택해보세요. 맛있는 샐러드나 양념을 최소화한 단백질 반찬, 채소와 두부가 많이 들어가는 전골, 샤부샤부 등 국물에 간을 하지 않고 개별 소스에 찍어 먹는 메뉴가 좋아요. 다이어트 식단으로 먹는 샌드위치나 샐러드는 영양가가 풍부하니 일반식을 하는 가족들과 간식으로 같이 먹어도 됩니다.

2만원으로 일주일 집밥 만들기

****

Part
1

봄

개두릅, 취나물 등 제철 재료를 사용한 메뉴부터
속이 든든한 돼지갈비찜과 닭개장까지
집밥으로 사계절의 시작, 봄을 느껴보는 건 어떨까요?

SPRING FIRST WEEK

봄 1주 : 장보기

재료	수량	가격(원)	요리
알배기배추	1포기	2,000	알배기겉절이
			소고기배추된장국
			알배기배추전
부추	600g	2,480	알배기겉절이
			부추사과무침
소고기(양지)	400g	9,920	소고기배추된장국
			메추리알소고기장조림
메추리알	1판(28개)	1,300	메추리알소고기장조림
꽈리고추	10개	1,510(200g)	
가자미	1마리	3,580	가자미구이
사과	1/4개	990(1개)	부추사과무침
		21,780	

봄 1주 : 메뉴 소개

알배기겉절이

없던 식욕도 생기는 아삭 상큼 싱싱한 김치맛. 무쳐서 바로 먹어야 더 맛있어요.

소고기배추된장국

밥 말아 먹고 싶은 국물 요리. 소고기와 배추가 만나 시원하고 구수한 맛이 일품이에요.

알배기배추전

씹을수록 배추의 달콤함이 배어나는 요리. 아삭한 식감과 달콤한 맛을 즐겨보세요.

메추리알 소고기장조림

국민 반찬답게 밥상을 더욱 빛내주는 달콤 짭짤 고소한 반찬.

가자미구이

은근한 불에 구워야 가자미 특유의 부드러움과 짭짤한 맛이 잘 살아나요. 어른은 물론 아이들도 자꾸 먹고 싶은 반찬이에요.

부추사과무침

향긋한 부추와 새콤달콤 사과가 만나 샐러드처럼 가볍고 아삭하게 먹을 수 있어요.

1 week

봄

알배기겉절이

조리시간
30분

보관기간
냉장 1달

장보기 재료

알배기배추 500g
부추 1줌

기본재료

- 양파 1/2개
- 홍고추 1개
- 매실청 2숟가락
- 물 50ml
- 다진 마늘 1숟가락
- 고춧가루 3~4숟가락
- 새우젓 1숟가락
- 참기름 1숟가락
- 깨 1숟가락
- 천일염 1숟가락

1. 배춧잎을 길게 반으로 자른 후 천일염 1숟가락을 골고루 버무려 30분간 절여주세요.

tip. 바로 먹을 겉절이는 소금에 절이지 않아도 됩니다.

2. 절인 배춧잎을 물에 헹군 후 물기를 빼주세요.

3. 부추 1줌은 5cm 길이로 자르고, 홍고추 1개는 어슷썰기를 해주세요.

4. 양파 1/2개, 매실청 2숟가락, 물 50ml를 믹서에 넣고 한꺼번에 갈아주세요.

tip. 매실청 대신 사과 1/4개를 넣고 갈아도 됩니다.

5. 다진 마늘 1숟가락, 고춧가루 3~4숟가락, 새우젓 1숟가락, 4의 간 양파를 섞어서 양념장을 만들어주세요.

6. 물기 뺀 배춧잎에 양념장을 골고루 버무려주세요.

tip. 양념을 한 번에 다 넣지 않고 조금씩 넣어가며 조절해주세요.

7. 부추, 홍고추, 참기름 1숟가락, 깨 1숟가락을 넣고 골고루 섞어주세요.

소고기배추된장국

1 week 봄

조리시간 35분

보관기간 냉장 3일

장보기 재료

알배기배추 겉잎 100g

소고기(양지) 150g

기본재료

- 양파 1/2개
- 대파 1대
- 청양고추 1개
- 홍고추 1개
- 국물용 멸치 1줌
- 된장 1숟가락
- 다진 마늘 1숟가락
- 고춧가루 1숟가락

1. 끓는 물에 배춧잎을 넣고 3분간 삶아주세요.

2. 삶은 배춧잎을 찬물에 헹군 후 물기를 꽉 짜주세요.

tip. 배춧잎 삶은 물은 버리지 않고 국물로 사용합니다.

3. 양파 1/2개는 채썰기, 대파 1대, 청양고추 1개, 홍고추 1개는 어슷썰기를 해주세요.

4. 소고기 150g은 2×3cm 크기로 썰어주세요.

5. 배춧잎 삶은 물을 체에 거르고 물을 섞어서 800㎖ 준비해주세요.

6. 5의 국물에 소고기, 국물용 멸치 1줌, 채 썬 양파, 어슷 썬 대파 흰 부분, 된장 1숟가락을 넣고 끓여주세요.

tip. 다시팩으로 깔끔한 국물을 만들 수 있어요.

7. 된장국이 끓으면 다진 마늘 1숟가락, 고춧가루 1숟가락, 어슷썰기한 청양고추, 홍고추, 대파 푸른 부분을 넣어주세요.

8. 데친 배춧잎을 넣고 끓여주세요.

tip. 국물이 싱거우면 소금으로 간을 맞춰주세요.

알배기배추전

1 week 봄

조리시간
15분

보관기간
냉장 3일

장보기 재료

알배기 배추속대 5~10장

기본재료

- 부침가루 3숟가락
- 전분 0.3숟가락
- 물 40㎖
- 식용유 3숟가락
- 진간장 1숟가락
- 식초 0.5숟가락
- 깨 조금

1. 배춧잎 5~10장을 깨끗이 씻은 후 두꺼운 뿌리 부분을 살살 두드려 연하게 만들어주세요.

2. 부침가루 3숟가락, 전분 0.3숟가락을 섞어주세요.

3. 물기가 남은 배춧잎에 2의 부침가루를 앞뒤로 묻혀주세요.

4. 남은 부침가루에 물 40㎖를 넣고 반죽을 만들어주세요.

5. 프라이팬에 식용유 3숟가락을 두르고 가열한 후 약불로 맞춰주세요.

6. 배춧잎에 반죽을 얇게 묻혀 부쳐주세요.

7. 약불에 서서히 부친 후 뒤집어서 한 번 더 부쳐주세요.

8. 진간장 1숟가락, 식초 0.5숟가락, 깨 조금 넣고 간장 양념을 만들어 알배기배추전을 찍어 먹어요.

메추리알소고기장조림

1 week
봄

조리시간
60분

보관기간
냉장 15일

장보기 재료

소고기(양지) 250g
메추리알 1판(28개)
꽈리고추 10개

기본재료

☐ 대파 흰 부분 1/2대
☐ 양파 1/2개(중간 것)
☐ 물 800㎖
☐ 맛술 1숟가락
☐ 진간장 50㎖
☐ 물엿 50㎖
☐ 통마늘 3개

1. 소고기 250g은 10cm 길이로 자르고, 대파 흰 부분 1/2대는 5cm 길이, 양파 1/2개는 4등분으로 잘라주세요.

2. 꽈리고추 10개는 꼭지를 떼어내고 씻은 후 양념이 스며들도록 포크로 찍어 구멍을 내주세요.

3. 소고기, 양파, 대파, 물 800㎖, 맛술 1숟가락을 넣고 뚜껑을 덮어 30분간 끓여주세요.

4. 메추리알 1판을 삶아서 껍질을 벗겨주세요.

tip. 삶은 메추리알을 사면 더 편리합니다.

5. 삶은 소고기는 건져내고 육수는 체에 걸러주세요.

6. 삶은 소고기를 가늘게 찢어주세요.

7. 육수 400㎖에 진간장 50㎖, 물엿 50㎖, 통마늘 3개, 메추리알, 찢은 소고기를 넣고 센 불에 끓이다 중약불에서 국물이 자박자박할 정도로 졸여주세요.

8. 꽈리고추를 넣고 골고루 섞은 후 곧바로 불을 꺼주세요.

1 week

봄

가자미구이

조리시간
25분

보관기간
냉장 1일

장보기 재료

가자미 1마리

기본재료

- 부침가루 1~2숟가락
- 식용유 2숟가락
- 소금 2꼬집

1. 가자미 1마리는 내장을 제거하고 칼로 비늘을 긁어낸 후 씻어서 물기를 닦아주세요.

2. 칼을 사선으로 비스듬히 기울여 3cm 간격으로 칼집을 내주세요.

3. 가자미에 소금 2꼬집을 뿌리고 10분간 재워두세요.

4. 부침가루 1~2숟가락을 넓은 접시 또는 도마 위에 펼쳐서 가자미를 앞뒤로 골고루 묻힌 후 털어주세요.

5. 프라이팬에 식용유 2숟가락을 두르고 예열해주세요.

tip. 예열되지 않은 상태로 생선을 올리면 바닥에 눌어붙을 수 있어요.

6. 약불로 줄여서 가자미를 올리고 구워주세요.

tip. 키친타월 또는 알루미늄 호일을 프라이팬 크기로 잘라 올려놓으면 기름이 튀는 것을 막을 수 있어요. 가스레인지에 조리할 경우 불이 붙을 수 있으니 프라이팬보다 작은 크기로 잘라서 사용하세요.

7. 가자미 아래쪽이 60~70% 익으면 뒤집어서 구워주세요.

tip. 자주 뒤집으면 생선살이 부스러질 수 있으니 주의합니다. 가자미뿐만 아니라 다른 생선도 같은 방법으로 구워주세요.

1 week

봄

부추사과무침

조리시간
15분

보관기간
냉장 3일

장보기 재료

부추 500~600g

사과 1/4개

기본재료

☐ 양파 1/4개

☐ 당근 1/3개

☐ 멸치액젓 1숟가락

☐ 매실액 1숟가락

☐ 고춧가루 1.5숟가락

☐ 다진 마늘 0.5숟가락

☐ 깨 1숟가락

1. 부추 500~600g은 5cm 길이로 자르고, 사과 1/4개는 3mm 두께로 자른 후 채 썰어주세요.

2. 양파 1/4개, 당근 1/3개는 얇게 채 썰어주세요.

3. 멸치액젓 1숟가락, 매실액 1숟가락, 고춧가루 1.5숟가락, 다진 마늘 0.5숟가락을 골고루 섞어 양념장을 만들어주세요.

4. 부추, 채 썬 사과, 양파, 당근에 양념장을 골고루 버무려주세요.

5. 깨 1숟가락을 뿌려 섞어주세요.

SPRING SECOND WEEK

봄 2주 : 장보기

재료	수량	가격(원)	요리
메추리알	1판(28개)	1,300	마요네즈샐러드
사과	1/2개	990(1개)	
오이	3개	1,800	마요네즈샐러드
			오이겨자무침
			오이볶음
맛살	4개	1,080	마요네즈샐러드
			오이겨자무침
볶은 땅콩	420g	6,900(500g)	마요네즈샐러드
			땅콩조림
볶음용 멸치	400g	6,980	멸치볶음
꽈리고추	200g	1,510	멸치볶음
			꽈리고추장아찌
		20,560	

봄 2주 : 메뉴 소개

마요네즈샐러드

마요네즈로 버무려 할머니 생각이 절로 나는 추억의 샐러드. 마요네즈에서 물기가 생길 수 있으니 그날 바로 먹어요.

멸치볶음

기본 반찬은 물론 도시락 반찬으로도 인기 만점인 멸치볶음에 땅콩을 더해 더욱 고소하고 맛있어요.

꽈리고추장아찌

달콤 짭짤 새콤한 장아찌 국물과 아삭한 꽈리고추가 잘 어울리는 밑반찬. 냉장 보관으로 두고두고 먹을 수 있어요.

오이겨자무침

아삭한 오이와 톡 쏘는 겨자가 어우러진 새콤달콤한 무침. 손님 초대상에 올려도 좋아요.

오이볶음

오이를 볶으면 더욱 꼬들꼬들 아삭한 맛을 느낄 수 있어요.

땅콩조림

땅콩을 조려 더욱 고소하고 달콤 짭짤한 반찬. 맥주 안주로도 좋아요.

2 week
봄

마요네즈샐러드

조리시간
25분

보관기간
냉장 3일

38

장보기 재료

메추리알 1판(28개)
사과 1/2개
오이 1개
맛살 2개
견과류 1줌
(20g, 아몬드, 땅콩 등)

기본재료

☐ 마요네즈 3숟가락 듬뿍
☐ 설탕 1숟가락
☐ 소금 2꼬집

1. 메추리알 1판은 삶아서 껍질을 까주세요.

2. 오이 1개는 4등분해서 길게 반으로 잘라 씨를 숟가락으로 파내고 1.5cm 두께로 썰어주세요.

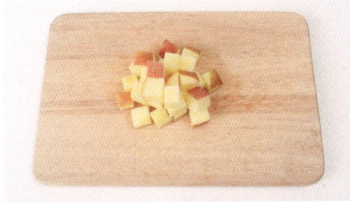

3. 사과 1/2개는 껍질을 깨끗이 씻은 후 씨를 제거하고 1.5×1.5cm 크기로 썰어주세요.

4. 맛살 2개는 1.5cm 길이로 잘라주세요.

5. 마요네즈 3숟가락 듬뿍, 설탕 1숟가락, 소금 2꼬집을 섞어 소스를 만들어주세요.

6. 메추리알, 사과, 오이, 맛살에 마요네즈 소스를 골고루 버무려주세요.

7. 아몬드, 땅콩 등 견과류 1줌을 숟가락으로 으깨 섞어주세요.

tip. 주황색 감 또는 귤을 넣으면 색감이 더 맛있어 보여요.

2 week

봄

멸치볶음

조리시간
15분

보관기간
냉장 10일

장보기 재료

볶음용 멸치 360~400g(2컵)
꽈리고추 2개

기본재료

- 다진 마늘 0.3숟가락
- 설탕 1숟가락
- 식용유 3숟가락
- 올리고당 2숟가락
- 깨 1숟가락

1. 꽈리고추 2개는 씻은 후 1cm 두께로 송송 썰어주세요.

2. 볶음용 멸치 2컵을 체에 받쳐서 부스러기를 털어주세요.

3. 기름을 두르지 않고 프라이팬을 달군 후 멸치를 중불에서 1분간 덖어 비린내를 제거해주세요.

tip. 물 또는 기름을 사용하지 않고 열로만 볶는 것을 덖는다고 해요. 비린내와 수분을 제거하는 조리법입니다.

4. 프라이팬에 식용유 3숟가락을 두르고 예열한 후 중불에서 볶은 멸치, 다진 마늘 0.3숟가락을 넣고 볶아주세요.

tip. 4번 과정 조리 후 볶은 땅콩 90~100g을 넣어 볶으면 더욱 고소한 땅콩멸치볶음이 됩니다.

5. 설탕 1숟가락을 넣고 녹을 정도로 골고루 섞어가며 볶아주세요.

6. 송송 썬 꽈리고추를 넣고 살짝 볶은 후 불을 꺼주세요.

7. 올리고당 2숟가락, 깨 1숟가락을 골고루 섞은 후 넓게 펼쳐 식혀주세요.

8. 멸치볶음이 식으면 반찬통에 담아주세요.

tip. 펼쳐서 식히지 않고 반찬통에 담으면 멸치가 뭉칠 수 있어요.

2 week
봄

꽈리고추장아찌

조리시간
20분

보관기간
냉장 1달

장보기 재료
꽈리고추 30~32개(180g)

기본재료
- 양조간장 100㎖
- 물 100㎖
- 설탕 50㎖
- 양조식초 100㎖

1. 꽈리고추는 꼭지를 떼어내고 여러 번 깨끗이 씻은 후 물기를 빼주세요.

2. 꽈리고추를 키친타월에 올려 물기를 닦아주세요.

3. 양념이 스며들도록 꽈리고추 옆면에 포크로 구멍을 내주세요.

4. 양조간장 100㎖, 물 100㎖, 설탕 50㎖, 양조식초 100㎖를 섞어 끓여서 간장 양념장을 만들어주세요.

tip. 끓어오르면 곧바로 불을 꺼주세요.

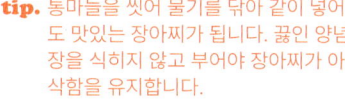

5. 열탕 소독한 강화유리 반찬통에 꽈리고추를 담고 끓인 간장 양념장을 부어주세요.

tip. 통마늘을 씻어 물기를 닦아 같이 넣어도 맛있는 장아찌가 됩니다. 끓인 양념장을 식히지 않고 부어야 장아찌가 아삭함을 유지합니다.

6. 뜨거운 김이 빠지면 뚜껑을 덮고 하루 동안 실온에 두었다가 냉장 보관해주세요.

2 week
봄

오이겨자무침

조리시간
15분

보관기간
냉장 3일

장보기 재료

오이 1개
맛살 2개

기본재료

- 양파 1/2개(작은 것)
- 연겨자 0.8숟가락
- 식초 3숟가락
- 설탕 1숟가락
- 소금 0.6숟가락
- 검은깨 1숟가락

1. 오이 1개는 깨끗이 씻어서 꼭지를 잘라내고 4등분한 후 돌려 깎아주세요.

2. 오이와 양파 1/2개를 2mm 두께로 채 썰어주세요.

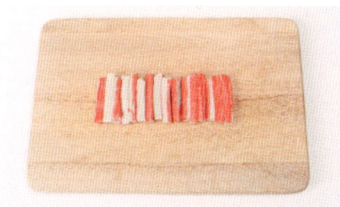

3. 맛살 2개는 4등분한 후 3mm 두께로 썰어주세요.

4. 채 썬 오이에 소금 0.5숟가락을 골고루 섞어 10분간 절인 후 물기를 꼭 짜주세요.

5. 연겨자 0.8숟가락, 식초 3숟가락, 설탕 1숟가락, 소금 0.1숟가락을 골고루 섞어 겨자 소스를 만들고 오이, 맛살, 양파를 넣어 골고루 버무려주세요.

6. 검은깨 1숟가락을 뿌려주세요.

2 week
봄

오이볶음

조리시간
15분

보관기간
냉장 5일

장보기 재료

오이 1개

기본재료

- ☐ 대파 1/4대
- ☐ 홍고추 1개
- ☐ 소금 0.5숟가락
- ☐ 다진 마늘 0.3숟가락
- ☐ 식용유 1숟가락
- ☐ 설탕 2꼬집
- ☐ 후춧가루 조금
- ☐ 깨 1숟가락

1. 오이 1개는 깨끗이 씻어서 양쪽 끝을 잘라내고 2mm 두께로 동그랗게 썰어주세요.

2. 대파 1/4대는 길게 4등분한 후 다지고, 홍고추 1개는 어슷썰기를 해주세요.

3. 오이에 소금 0.5숟가락을 골고루 버무려 10분간 절여주세요.

4. 절인 오이를 찬물에 헹구고 물기를 꽉 짜주세요.

tip. 면보 또는 키친타월에 싸서 꽉 짜면 꼬들꼬들한 식감의 오이가 됩니다.

5. 센 불로 달군 프라이팬에 식용유 1숟가락을 두르고 중불로 줄여서 다진 마늘 0.3숟가락을 볶아주세요.

6. 절인 오이를 넣고 수분을 날려가며 볶아주세요.

7. 설탕 2꼬집, 후춧가루 조금 넣고 볶아주세요.

8. 다진 대파, 어슷 썬 홍고추를 넣고 볶은 후 깨 1숟가락을 뿌려주세요.

tip. 너무 오래 볶으면 오이 색이 까맣게 되니 주의합니다.

2 week
봄

땅콩조림

조리시간
25분

보관기간
냉장 10일

장보기 재료

볶은 땅콩 360~400g(2컵)

기본재료

- 물 100㎖
- 식초 1숟가락
- 진간장 3숟가락
- 설탕 1숟가락
- 올리고당 3숟가락
- 깨 1숟가락

1. 물에 식초 1숟가락을 넣고 끓으면 볶은 땅콩 2컵을 넣어주세요.

2. 1분간 끓인 후 땅콩을 찬물에 헹궈 물기를 빼주세요.

3. 물 100㎖, 진간장 3숟가락, 설탕 1숟가락을 섞어 끓여서 양념장을 만들어주세요.

4. 양념장이 끓으면 땅콩을 넣고 골고루 섞은 후 양념이 다시 끓으면 중불에 조려주세요.

5. 양념이 거의 졸아들면 올리고당 3숟가락, 깨 1숟가락을 골고루 섞은 후 불을 꺼주세요.

SPRING THIRD WEEK

봄 3주 : 장보기

재료	수량	가격(원)	요리
닭	1마리(12호)	6,600	닭개장
			숙주달걀볶음
			숙주닭고기겨자무침
삶은 고사리	400g	4,000	닭개장
			고사리나물볶음
삶은 토란대	200g	1,990	닭개장
얼갈이	500g(1단)	1,880	닭개장
			얼갈이김치
숙주	380g	1,680	닭개장
			숙주달걀볶음
			숙주닭고기겨자무침
취나물	200g	3,280	취나물무침
		19,430	

봄 3주 : 메뉴 소개

닭개장

부드러운 닭고기와 얼큰한 국물. 소분하여 냉동 보관해 두었다가 입맛 없을 때 끓여 먹으면 밥 두 그릇 뚝딱이에요.

얼갈이김치

그냥 밥반찬으로도 맛있고 고추장, 참기름, 달걀프라이를 곁들여 비빔밥으로 먹어도 맛있어요.

고사리나물볶음

고사리의 부드러운 식감과 특유의 향이 입맛을 돋우는 반찬. 비빔밥 재료로도 사용할 수 있어요.

숙주달걀볶음

반찬이 없거나 가볍게 식사를 하고 싶을 때 먹기 좋은 요리. 간단한 맥주 안주로도 좋아요.

숙주닭고기 겨자무침

손님 초대상에 올려도 좋은 메뉴. 아삭한 숙주와 부드러운 닭고기가 톡 쏘는 겨자와 잘 어울려요.

취나물무침

샐러드처럼 상큼하고 가볍게 먹을 수 있는 나물 요리. 된장 소스와 만나 더욱 감칠맛 납니다.

3 week
봄

닭개장 (8~10인분)

조리시간
60분

보관기간
냉장 3일

장보기 재료

닭 1마리(12호)
삶은 고사리 120g
삶은 토란대 200g
얼갈이배추 400~500g(2~3줌)
숙주 150g

기본재료

☐ 대파 2대
☐ 청양고추 2개
☐ 달걀 1개(2~3인분)
☐ 물 3ℓ
☐ 다진 마늘 3숟가락
☐ 고춧가루 4숟가락
☐ 국간장 3숟가락
☐ 멸치액젓 3숟가락
☐ 식용유 3숟가락
☐ 후춧가루 조금
☐ 소금 조금
☐ 참기름 1숟가락

1. 닭고기의 지방과 늘어진 껍질을 가위로 잘라내고 깨끗이 씻어주세요.

2. 냄비에 4등분한 대파 1대와 손질한 닭을 넣고 물 2ℓ를 부어 20~25분간 삶은 후 닭고기는 꺼내 식히고 육수는 체에 걸러주세요.

tip. 닭이 잠길 정도로 물을 넣고 한 번 끓인 후 물을 버리고 다시 물을 부어 삶으면 닭고기의 기름기를 줄일 수 있어요.

3. 삶은 닭고기의 살코기를 길게 찢어주세요.

tip. 삶은 닭고기 300g만 사용하고, 나머지는 다른 반찬에 사용합니다.

4. 체에 거른 닭육수에 살코기를 발라낸 뼈와 물 1ℓ를 넣고 끓으면 중불로 줄여서 30분간 더 끓인 후 체에 걸러주세요.

5. 끓는 물에 숙주 150g을 1분간 데치고, 새로 끓인 물에 얼갈이배추 2~3줌을 2분간 삶아 찬물에 헹구고 물기를 짜주세요.

6. 삶은 얼갈이배추, 삶은 고사리 120g, 삶은 토란대 200g은 물기를 짜고 5cm 길이로 잘라주세요.

tip. 물기를 짜고 동그랗게 뭉쳐서 4~6등분으로 자르면 편해요.

7. 대파 1대는 5cm 길이로 자른 후 길게 4등분하고, 청양고추 2개는 어슷썰기를 해주세요.

8. 닭고기 300g, 데친 숙주, 얼갈이배추, 고사리, 토란대, 대파 푸른 부분, 고춧가루 3숟가락, 다진 마늘 3숟가락, 국간장 3숟가락, 멸치액젓 3숟가락, 후춧가루 조금, 소금 넣고 골고루 버무려주세요.

9. 냄비에 식용유 3숟가락을 두르고 대파 흰 부분을 중불에 볶다가 고춧가루 1숟가락을 넣어 한 번 볶고 8의 재료를 넣고 볶은 후 4의 닭육수를 붓고 끓여 소금 또는 액젓으로 간을 맞춰주세요.

10. 한 번 먹을 만큼 덜어서 끓이고 달걀 1개를 풀어서 저은 후 참기름 1숟가락을 뿌려주세요.

얼갈이김치

3 week 봄

조리시간
60분

보관기간
냉장 15일

장보기 재료

얼갈이배추 1단

기본재료

- 양파 1/2개
- 당근 1/4개
- 청양고추 1개
- 홍고추 1개
- 천일염 1.5순가락
- 물 200㎖
- 밀가루(또는 찹쌀가루) 1순가락 듬뿍
- 멸치액젓 50㎖
- 다진 마늘 1순가락 듬뿍
- 고춧가루 5순가락
- 매실액 2순가락

1. 얼갈이배추 1단은 손질해서 씻은 후 3등분으로 잘라주세요.

tip. 얼갈이배추는 밑동을 잘라내고 시든 잎은 제거한 후 사용합니다.

2. 얼갈이배추에 천일염 1.5순가락을 넣고 골고루 버무려서 30분~1시간 절여주세요.

3. 물 200㎖에 밀가루(또는 찹쌀가루) 1순가락 듬뿍 넣고 저어가며 끓여주세요. 끓기 시작하면 불을 끄고 식혀주세요.

4. 절인 얼갈이배추는 물에 헹구고 물기를 빼주세요.

5. 양파 1/2개, 당근 1/4개는 채 썰고, 청양고추 1개, 홍고추 1개는 어슷썰기를 해주세요.

6. 3의 밀가루풀 200㎖에 멸치액젓 50㎖, 다진 마늘 1순가락 듬뿍, 고춧가루 5순가락, 매실액 2순가락을 골고루 섞어 양념장을 만들어주세요.

7. 양념장에 절인 얼갈이배추, 채 썬 양파, 당근을 넣고 섞어주세요.

8. 어슷 썬 홍고추와 청양고추를 넣고 한 번 더 섞어주세요.

3 week
봄

고사리나물볶음

조리시간
20분

보관기간
냉장 3~4일

장보기 재료

삶은 고사리 280g

기본재료

- 대파 흰 부분 1/4대
- 다진 마늘 0.5숟가락
- 국간장 3숟가락
- 들기름 2숟가락
- 식용유 2숟가락
- 물 100㎖
- 소금 조금
- 깨 1숟가락

1. 대파 흰 부분 1/4대는 길게 4등분한 후 잘게 다져주세요.

2. 삶은 고사리 280g은 깨끗이 씻은 후 5cm 길이로 잘라주세요.

3. 삶은 고사리에 다진 대파, 다진 마늘 0.5숟가락, 국간장 3숟가락, 들기름 1숟가락을 넣고 골고루 버무려주세요.

4. 팬에 식용유 2숟가락, 들기름 1숟가락을 두르고 양념한 고사리를 2분간 볶아주세요.

5. 물 100㎖를 넣고 뚜껑을 덮어 중불에 3분간 끓여주세요.

6. 뚜껑을 열고 수분이 날아갈 정도로 볶아주세요.

7. 소금으로 간을 맞추고 깨 1숟가락을 뿌려주세요.

숙주달걀볶음

3 week — 봄

조리시간: 15분
보관기간: 냉장 1일

장보기 재료

숙주 80g
삶은 닭고기 50g

기본재료

- 달걀 1개
- 양파 1/4개(작은 것)
- 대파 1/5대
- 청양고추 1개
- 식용유 2숟가락
- 다진 마늘 0.3숟가락
- 굴소스 0.3숟가락
- 진간장 0.3숟가락
- 멸치액젓 0.3숟가락
- 깨 0.5숟가락

1. 양파 1/4개는 채 썰고, 대파 1/5대, 청양고추 1개는 송송 썰어주세요.

2. 끓는 물에 숙주 80g을 1분간 데쳐 찬물에 헹구고 물기를 짜주세요.

3. 프라이팬에 식용유 1숟가락을 두르고 채 썬 양파, 다진 마늘 0.3숟가락을 볶아주세요.

4. 삶은 닭고기 50g을 넣고 볶아주세요.

5. 볶은 재료를 프라이팬 가장자리에 밀어놓고, 식용유 1숟가락을 둘러서 달걀 1개를 깨뜨려 볶은 후 다른 재료를 섞어주세요.

6. 굴소스 0.3숟가락, 진간장 0.3숟가락, 멸치액젓 0.3숟가락, 송송 썬 청양고추를 넣고 한 번 더 볶아주세요.

7. 씻어서 물기를 빼놓은 숙주 80g을 넣고 1분간 볶아주세요.

8. 숙주의 숨이 죽으면 송송 썬 대파, 깨 0.5숟가락을 넣고 볶아주세요.

3 week
봄

숙주닭고기겨자무침

조리시간
20분

보관기간
냉장 3일

60

장보기 재료

삶은 닭고기 100g
숙주 150g

기본재료

☐ 대파 15cm
☐ 당근 1/4개
☐ 연겨자 0.5숟가락
☐ 식초 3숟가락
☐ 설탕 1숟가락
☐ 다진 마늘 조금
☐ 소금 1꼬집
☐ 깨 1숟가락

1. 끓는 물에 숙주 150g을 1분간 데쳐 찬물에 헹구고 물기를 짜주세요.

2. 대파 15cm는 다지고, 당근 1/4개는 얇게 채 썰어주세요.

3. 연겨자 0.5숟가락, 식초 3숟가락, 설탕 1숟가락, 다진 마늘 조금, 소금 1꼬집을 섞고 겨자가 풀어지도록 저어서 소스를 만들어주세요.

4. 삶아서 찢어놓은 닭고기 100g을 준비해주세요.

5. 닭고기, 채 썬 당근, 다진 대파에 겨자소스를 뿌려서 골고루 버무려주세요.

6. 깨 1숟가락을 뿌려주세요.

취나물무침

3 week
봄

조리시간
15분

보관기간
냉장 3일

장보기 재료

취나물 200g

기본재료

- 된장 0.5숟가락
- 다진 마늘 0.3숟가락
- 국간장 1숟가락
- 참기름 1숟가락
- 깨 1숟가락
- 소금 0.3숟가락

1. 취나물 200g을 손질하고 3회 정도 깨끗이 씻어 물기를 빼주세요.

2. 끓는 물에 소금 0.3숟가락을 넣고 취나물을 1분~1분 30초간 데친 후 찬물에 헹궈 물기를 꽉 짜주세요.

tip. 취나물이 질긴 정도에 따라 데치는 시간이 달라요. 부들부들하면서도 풀죽처럼 퍼지지 않을 정도로 데쳐주세요.

3. 된장 0.5숟가락, 다진 마늘 0.3숟가락, 국간장 1숟가락, 참기름 1숟가락을 골고루 섞어 양념장을 만들어주세요.

4. 데친 취나물을 4등분으로 자른 후 된장 양념을 골고루 버무려주세요.

5. 깨 1숟가락을 뿌려 골고루 버무려주세요.

SPRING FOURTH WEEK

봄 4주 : 장보기

재료	수량	가격(원)	요리
돼지갈비	1kg	10,000	돼지갈비찜
천사채	500g	1,700	천사채샐러드
오이	1개	900	
슬라이스햄	50g	1,940(100g)	
개두릅	800g	10,000	개두릅초고추장무침
			개두릅장아찌
			개두릅전
감자	3개	4,280(800g)	감자크로켓
		28,820	

봄 4주 : 메뉴 소개

돼지갈비찜

달콤 짭쪼름한 양념에 밥까지 비벼 먹는 인기 메뉴. 어른 아이 할 것 없이 바닥까지 싹싹 긁어 먹어요.

천사채샐러드

갈빗집에 가면 자꾸 리필하게 되는 반찬. 오독오독한 천사채 식감과 마요네즈가 어울려 먹는 재미가 있어요.

개두릅 초고추장무침

쌉쌀하고 향긋한 개두릅은 새콤한 초고추장과 잘 어울려요. 입맛 없을 때 먹기 좋은 매력적인 반찬이에요.

개두릅장아찌

두릅의 쌉쌀한 맛을 싫어하는 아이들도 찾는 맛있는 반찬이에요.

개두릅전

따끈하고 바삭한 전을 부쳐보세요. 두릅의 또 다른 맛을 느낄 수 있어요.

감자크로켓

고소하고 바삭한 감자크로켓은 특별한 날 손님 초대 요리나 도시락으로 준비해도 빛나는 메뉴예요.

4 week
봄

돼지갈비찜

조리시간
60분

보관기간
냉장 3일

장보기 재료

돼지갈비 1kg

....

기본재료

- 감자 2개
- 당근 1/2개
- 양파 1/2개(중간 것)
- 대파 1대
- 진간장 100㎖
- 물 150㎖
- 설탕 50㎖
- 맛술 50㎖
- 후춧가루 조금
- 다진 마늘 1.5숟가락
- 다진 생강 0.5숟가락
- 참기름 2숟가락

1. 돼지갈비 1kg은 지방 부위를 가위로 잘라내고 찬물에 30분 정도 담가 핏물을 뺀 후 3~4번 헹구고 물기를 빼주세요.

2. 양파 1/2개는 4등분으로 자르고, 대파 1대는 송송 썰어주세요.

3. 물 50㎖와 4등분한 양파를 믹서에 넣고 갈아주세요.

tip. 물 대신 배 1/3개 또는 배즙 100㎖를 갈아서 넣으면 더 맛있는 갈비찜을 만들 수 있어요.

4. 간 양파, 진간장 100㎖, 물 100㎖, 설탕 50㎖, 맛술 50㎖, 후춧가루 조금, 다진 마늘 1.5숟가락, 다진 생강 0.5숟가락, 참기름 2숟가락을 골고루 섞어서 양념장을 만들어주세요.

5. 물기 뺀 돼지갈비에 양념장, 송송 썬 대파를 넣고 골고루 섞은 후 30분 정도 재워두세요.

6. 감자 2개, 당근 1/2개는 5cm 두께로 깍둑썰기를 해주세요.

7. 양념장에 재운 돼지갈비, 깍둑썰기한 당근, 감자를 냄비에 넣고 센 불에 끓여주세요.

8. 양념이 끓으면 중약불로 줄이고 30분 간 익혀주세요.

tip. 바닥에 눌어붙지 않게 중간중간 섞어주세요.

4 week

봄

천사채샐러드

⏱ **조리시간**
15분

❄ **보관기간**
냉장 3일

장보기 재료

천사채 500g
오이 1개
슬라이스햄 50g

기본재료

- 마요네즈 5숟가락 듬뿍
- 허니머스터드 1숟가락
- 2배식초 2숟가락
- 설탕 1숟가락
- 소금 0.5숟가락

1. 천사채 500g은 7cm 길이로 잘라주세요.

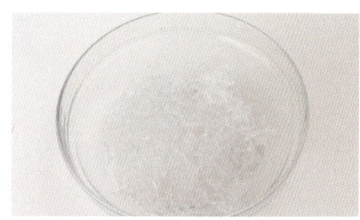

2. 자른 천사채를 물에 담가 비벼가면서 여러 번 헹군 후 물기를 빼주세요.

3. 오이 1개를 씻어서 양끝을 자르고 4등분한 후 돌려 깎고 0.2cm 두께로 채 썰어주세요.

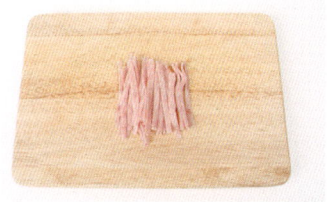

4. 슬라이스햄 50g을 2mm 두께로 채 썰어주세요.

5. 2배식초 2숟가락, 설탕 1숟가락, 소금 0.5숟가락을 섞어서 천사채에 넣고 골고루 버무려주세요.

6. 채 썬 오이, 슬라이스햄, 마요네즈 5숟가락 듬뿍, 허니머스터드 1숟가락을 넣고 골고루 버무려주세요.

4 week
봄

개두릅초고추장무침

조리시간
15분

보관기간
냉장 3일

장보기 재료

개두릅 300g

....

기본재료

- 소금 0.5숟가락
- 다진 마늘 0.3숟가락
- 고추장 0.5숟가락
- 2배식초 2숟가락
- 설탕 0.5숟가락
- 깨 1숟가락

1. 개두릅 300g은 밑동을 잘라내고 손질한 후 4등분으로 잘라 여러 번 씻어주세요.

2. 끓는 물에 소금 0.5숟가락을 넣고 개두릅을 1분간 데친 후 찬물에 헹구고 물기를 짜주세요.

3. 다진 마늘 0.3숟가락, 고추장 0.5숟가락, 2배식초 2숟가락, 설탕 0.5숟가락을 골고루 섞어 초고추장을 만들어주세요.

4. 데친 두릅에 초고추장을 넣고 골고루 무쳐주세요.

5. 깨 1숟가락을 뿌려주세요.

tip. 데친 두릅을 무치지 않고 초고추장에 찍어 먹으면 개두릅의 쌉싸름한 맛을 더욱 느낄 수 있어요.

개두릅장아찌

조리시간
15분

보관기간
냉장 1달

장보기 재료

개두릅 300g

기본재료

- 소금 0.5숟가락
- 양조간장 100㎖
- 물 100㎖
- 양조식초 100㎖
- 설탕 50㎖

1. 개두릅 300g은 밑동을 잘라낸 부위에 열십자로 칼집을 넣어주세요.

2. 끓는 물에 소금 0.5숟가락을 넣고 개두릅을 1분간 데친 후 찬물에 헹구고 물기를 짜주세요.

3. 양조간장 100㎖, 물 100㎖, 양조식초 100㎖, 설탕 50㎖를 섞어서 끓인 후 한 김 식혀주세요.

4. 강화유리 반찬통에 데친 두릅을 길게 펼쳐 담고 끓인 간장 양념을 부어주세요.

5. 두릅이 양념 위로 뜨지 않도록 깨끗이 씻어서 말린 누름틀 또는 작은 접시로 누르고 뚜껑을 덮어서 실온에 하루 정도 두었다가 냉장 보관해주세요.

tip. 장아찌는 한꺼번에 많이 만들어서 오랫동안 먹을 수 있어요.

4 week
봄

개두릅전

조리시간
20분

보관기간
냉장 1일

장보기 재료

개두릅 200g

기본재료

- 달걀 1개
- 부침가루 2숟가락
- 진간장 1숟가락
- 식초 0.5숟가락
- 고춧가루 0.3숟가락
- 소금 0.6숟가락
- 깨 0.3숟가락
- 식용유 3숟가락

1. 개두릅 200g은 딱딱한 밑동을 잘라내고 반으로 잘라 깨끗이 씻어주세요.

2. 끓는 물에 소금 0.5숟가락을 넣고 두릅을 세워서 밑동부터 넣어 1분간 데친 후 찬물에 헹구고 물기를 짜주세요.

3. 달걀 1개에 소금 0.1숟가락을 넣고 풀어주세요.

4. 넓은 접시 또는 도마에 부침가루 2숟가락을 펼쳐서 데친 두릅에 골고루 얇게 묻혀주세요.

5. 프라이팬에 식용유 3숟가락을 두르고 가열한 후 약불로 낮춰주세요.

6. 두릅에 3의 달걀을 묻히고 프라이팬에 올려 천천히 앞뒤로 부쳐주세요.

7. 부친 두릅을 키친타월에 올려 기름기를 빼주세요.

8. 진간장 1숟가락, 식초 0.5숟가락, 고춧가루 0.3숟가락, 깨 0.3숟가락을 골고루 섞어 양념장을 만들어주세요.

감자크로켓

4 week
봄

조리시간
25분

보관기간
냉장 1일

장보기 재료

감자 3개

....

기본재료

☐ 양파 1/4개
☐ 당근 1/4개
☐ 식용유 0.5숟가락
☐ 달걀 1개
☐ 밀가루 2숟가락
☐ 빵가루 5숟가락
☐ 식용유 여유 있게 준비
☐ 마요네즈 1숟가락
☐ 소금 0.3숟가락

1. 감자 3개는 껍질을 벗긴 후 4등분으로 잘라 찜기에 쪄주세요.

2. 감자를 찔 동안 당근 1/4개, 양파 1/4개를 다져주세요.

3. 식용유 0.5숟가락을 두르고 다진 당근, 양파를 볶아서 키친타월에 올려 기름기를 빼주세요.

4. 감자를 젓가락으로 찔러 쑥 들어가면 꺼내서 뜨거울 때 으깨주세요.

5. 으깬 감자에 볶은 당근, 양파, 마요네즈 1숟가락, 소금 0.3숟가락을 넣고 골고루 섞어주세요.

6. 5의 감자를 1숟가락씩 떠서 동글납작하게 만들고, 달걀 1개는 풀어주세요.

7. 감자 반죽을 밀가루-달걀-빵가루 순으로 묻혀주세요.

8. 감자 반죽이 잠길 분량의 식용유를 예열하고 약불에서 서서히 튀긴 후 식힘망 또는 키친타월에 올려 식혀주세요.

2만원으로 일주일 집밥 만들기

****

Part 2

여름

덥다고 매일 끼니를 대충 때울 순 없죠.
여름철 떨어진 입맛을 되찾아줄
오이, 열무 같은 싱싱한 채소로 더위를 이겨내 보세요.

SUMMER FIRST WEEK

여름 1주 : 장보기

재료	수량	가격(원)	요리
돼지고기(뒷다리살)	500g	7,230	콩나물제육볶음
			순두부찌개
무	1개(1.6kg)	1,250	국밥집 섞박지
			콩나물뭇국
팽이버섯	1봉	330	순두부찌개
			팽이버섯전
콩나물	400g	1,300	콩나물제육볶음
			콩나물뭇국
달걀	10개	2,700	콩나물뭇국
			달콤한 달걀말이
			순두부찌개
			팽이버섯전
			푸딩달걀찜
브로콜리	1개	980	브로콜리참깨무침
순두부	1봉	1,000	순두부찌개
		14,790	

여름 1주 : 메뉴 소개

브로콜리 참깨무침
데친 브로콜리에 고소한 참깨 소스가 어우러져 더욱 맛있어요.

콩나물 제육볶음
쫄깃한 돼지고기와 아삭한 콩나물 씹는 맛이 일품이에요.

국밥집 섞박지
한입 크게 베어 물어야 제 맛을 느낄 수 있는 섞박지는 국밥에 곁들여도 맛있고 그냥 따끈한 밥에 먹어도 맛있어요.

콩나물뭇국
여름에 국물류는 빨리 상할 수 있어요. 남은 국은 반드시 냉장 보관 해주세요.

달콤한 달걀말이
부드러움 뒤에 달콤함이 전해지는 맛. 도시락 반찬으로 준비하면 더욱 빛나는 반찬이에요.

순두부찌개
얼큰 시원한 국물과 고소한 순두부를 밥에 비벼 먹으면 더 맛있어요.

팽이버섯전
남은 팽이버섯은 냉장고에 넣으면 잊어버리기 쉬워요. 간단하게 팽이버섯전을 만들어 드세요.

푸딩달걀찜
부드럽게 떠지는 느낌에 반하고, 입안에서 사르르 녹는 맛에 또 반해요.

브로콜리참깨무침

1 week — 여름

조리시간: 15분
보관기간: 냉장 3일

장보기 재료
브로콜리 1대

기본재료
☐ 식초 1숟가락
☐ 다진 마늘 0.5숟가락
☐ 소금 1숟가락
☐ 참기름 2숟가락
☐ 깨 1숟가락

1. 물에 식초 1숟가락을 넣고 브로콜리 1대를 거꾸로 5분간 담근 후 여러 번 씻어주세요.

2. 브로콜리를 송이송이 자르고 대 부분은 1×3cm 크기로 잘라주세요.

3. 끓는 물에 소금 0.5숟가락을 넣고 브로콜리를 3분간 데친 후 찬물에 헹궈 물기를 빼주세요.

4. 데친 브로콜리에 다진 마늘 0.5숟가락, 소금 0.5숟가락, 참기름 2숟가락을 넣고 골고루 버무려주세요.

5. 깨 1숟가락을 으깨 뿌려주세요.

tip. 깨는 절구로 빻거나 손바닥으로 비벼 으깨면 됩니다.

콩나물제육볶음

1 week 여름

조리시간 30분

보관기간 냉장 3일

장보기 재료

돼지고기(뒷다리살) 400g
콩나물 250g

기본재료

- 양파 1/2개
- 대파 1대
- 청양고추 2개
- 진간장 3숟가락
- 참기름 1숟가락
- 다진 마늘 0.5숟가락
- 올리고당 1~1.5숟가락
- 고춧가루 1숟가락
- 고추장 1숟가락

1. 콩나물 250g을 깨끗이 씻어 물기를 빼주세요.

2. 양파 1/2개는 0.3cm 두께로 채 썰고, 대파 1대와 청양고추 2개는 어슷썰기를 해주세요.

3. 돼지고기 뒷다리살 400g은 3×5cm 크기로 잘라주세요.

tip. 덩어리째 4~6등분해서 먹기 좋은 크기로 자르면 됩니다.

4. 돼지고기에 진간장 3숟가락, 참기름 1숟가락, 다진 마늘 0.5숟가락, 올리고당 1~1.5숟가락, 고추장 1숟가락, 고춧가루 1숟가락을 넣고 골고루 버무려 양념을 해주세요.

5. 프라이팬에 콩나물, 양파를 올린 후 양념한 돼지고기, 대파 흰 부분을 올려주세요.

6. 뚜껑을 덮고 중불에 5분 정도 익혀주세요.

tip. 바닥에 눌어붙어 타지 않도록 주의합니다.

7. 콩나물과 돼지고기를 센 불에서 골고루 섞어가며 볶아주세요.

8. 어슷썰기한 청양고추와 대파 푸른 부분을 넣고 볶아주세요.

tip. 중불에 서서히 익히면 콩나물과 양파에서 수분이 나와 고기가 타지 않고 익어요. 물 2숟가락 정도 프라이팬 바닥에 부어주어도 됩니다.

국밥집 석박지

1 week · 여름

조리시간 **90분**

보관기간 **냉장 1달**

장보기 재료

무 1.5kg

기본재료

- 양파 1개
- 대파 1대
- 천일염 2숟가락
- 설탕 2숟가락
- 찹쌀가루(또는 밀가루) 1숟가락 듬뿍
- 물 150㎖
- 고춧가루 3숟가락
- 다진 마늘 2숟가락 듬뿍
- 새우젓 1숟가락
- 사이다 150㎖

1. 무 1.5kg은 껍질을 깨끗이 씻어서 길게 열십자로 4등분한 후 1cm 두께로 썰어주세요.

2. 무에 천일염 2숟가락, 설탕 2숟가락을 버무리고 45분~1시간 절여주세요.

3. 물 150㎖에 찹쌀가루(또는 밀가루) 1숟가락을 듬뿍 넣고 저어가며 끓여서 찹쌀풀을 만든 후 식혀주세요.

4. 양파 1개는 5mm 두께로 채 썰고, 대파 1대는 5mm 두께로 송송 썰어주세요.

5. 절인 무를 씻은 후 물기를 짜주세요.

tip. 무말랭이나 오이지처럼 마지막까지 꽉 짜는 것이 아니라 스폰지를 짜듯이 손으로 꾹꾹 누르는 정도로 짜주세요.

6. 절인 무에 고춧가루 2숟가락을 넣고 골고루 버무려주세요.

7. 찹쌀풀 150㎖, 다진 마늘 2숟가락 듬뿍, 새우젓 1숟가락, 고춧가루 1숟가락, 사이다 150㎖를 섞어서 양념장을 만들어주세요.

tip. 사이다가 없다면 설탕 1숟가락을 넣어주세요.

8. 절인 무, 양파와 대파에 양념장을 넣고 골고루 버무린 후 하루 동안 실온에 두었다가 냉장 보관해주세요.

tip. 매운 정도와 색깔에 따라 고춧가루를 추가합니다.

콩나물뭇국

1 week 여름

조리시간 20분

보관기간 냉장 3일

장보기 재료

콩나물 150g
무 100g
달걀 1개

기본재료

- 양파 1/2개
- 대파 흰 부분 1/3대
- 청양고추 1개
  (청·홍고추 1/2개씩)
- 물 500㎖
- 소금 0.5숟가락
- 액젓 2숟가락
  (멸치 또는 참치)
- 다진 마늘 0.3숟가락

1. 콩나물 150g을 씻어서 물기를 빼주세요.

2. 무 100g은 0.5×3cm 크기로 채 썰어주세요.

3. 양파 1/2개는 2mm 두께로 채 썰기, 대파 흰 부분 1/3대, 청양고추 1개는 어슷 썰기를 해주세요.

4. 물 500㎖에 콩나물을 넣고 물이 끓어오르면 1분간 삶은 후 건져주세요.

5. 콩나물 삶은 물에 채 썬 무, 양파, 어슷 썬 대파, 액젓 2숟가락, 소금 0.5숟가락을 넣고 중불에 10분간 끓여주세요.

6. 삶은 콩나물과 어슷 썬 청양고추, 다진 마늘 0.3숟가락을 넣고 끓여주세요.

7. 달걀 1개를 풀어 넣고 한 번 더 끓여주세요.

8. 부족한 간은 소금으로 맞춰주세요.

달콤한 달걀말이

1 week 여름

⏱ **조리시간**
10분

❄ **보관기간**
냉장 2일

장보기 재료
달걀 4개

기본재료
☐ 설탕 0.25숟가락
☐ 소금 아주 조금
☐ 식용유 1숟가락

1. 달걀 4개를 풀어주세요.

2. 풀어놓은 달걀을 체에 걸러주세요.

3. 달걀물에 설탕 0.25숟가락, 소금 아주 조금 넣고 섞어주세요.

4. 예열한 프라이팬에 솔 또는 키친타월로 기름을 골고루 바른 후 약불로 줄여주세요.

5. 달걀을 조금씩 부어 이어가면서 천천히 말아주세요.

tip. 약불에서 천천히 익혀야 예쁘고 부드러운 달걀말이가 완성돼요.

6. 달걀말이를 식힌 후 잘라주세요.

순두부찌개

1 week 여름

조리시간 25분
보관기간 냉장 2일

장보기 재료

순두부 1봉
돼지고기(뒷다리살) 100g
팽이버섯 1/3봉
달걀 1개

기본재료

☐ 양파 1/4개
☐ 대파 1/3대
☐ 청양고추 1개
☐ 식용유 2숟가락
☐ 고춧가루 1숟가락
☐ 멸치액젓 1숟가락
☐ 다진 마늘 0.5숟가락
☐ 소금 0.3~0.5숟가락
☐ 물 400㎖

1. 양파 1/4개는 0.5×2cm 크기로 썰고, 대파 1/3대, 청양고추 1개는 어슷썰기, 팽이버섯 1/3봉은 밑동을 잘라내고 씻어서 반으로 썰어주세요.

2. 돼지고기 100g은 1×1cm 크기로 썰어주세요.

3. 냄비에 식용유 2숟가락을 두르고 약불에서 돼지고기를 볶다가 겉면이 익으면 양파와 대파를 넣고 볶아주세요

4. 고춧가루 1숟가락을 넣고 빨리 볶아주세요.

tip. 고춧가루를 넣으면 빨리 탈 수 있으니 물 400㎖를 미리 준비해주세요.

5. 물 400㎖, 멸치액젓 1숟가락, 다진 마늘 0.5숟가락, 소금 0.3~0.5숟가락을 넣고 끓여주세요.

tip. 멸치육수를 준비하면 멸치액젓을 넣지 않아도 됩니다.

6. 팽이버섯과 순두부를 잘라 넣고 끓여주세요.

tip. 순두부는 2.5cm 두께로 동그랗게 자르거나 숟가락으로 큼직하게 떠서 넣어도 되고, 순두부 포장 위쪽을 조금 잘라 짜내도 됩니다.

7. 어슷 썬 청양고추, 달걀 1개를 넣어주세요.

팽이버섯전

1 week
여름

조리시간
10분

보관기간
냉장 1일

장보기 재료

팽이버섯 2/3봉
달걀 1개

기본재료

☐ 대파 1~2cm
☐ 소금 0.2숟가락
☐ 식용유 2숟가락

1. 팽이버섯 2/3봉은 밑동을 잘라주세요.

2. 대파 1~2cm는 송송 썰어주세요.

3. 달걀 1개는 소금 0.2숟가락을 넣고 풀어주세요.

4. 프라이팬에 식용유 2숟가락을 두르고 팽이버섯을 나란히 펼쳐 약불에 구워주세요.

5. 팽이버섯 위에 풀어놓은 달걀을 부어주세요.

6. 송송 썬 대파를 올려주세요.

7. 프라이팬 아래쪽 달걀이 익으면 뒤집어서 구워주세요.

푸딩달걀찜

1 week 여름

조리시간
25분

보관기간
냉장 1일

장보기 재료

달걀 3개

기본재료

- 물 200㎖
- 다시마 1장(5×5cm)
- 소금 0.5숟가락

1. 물 200㎖에 소금 0.5숟가락, 다시마 1장을 넣고 15분간 우려 다시마물을 만들어주세요.

2. 달걀 3개는 알끈을 제거하고 풀어주세요.

3. 풀어놓은 달걀을 체에 걸러주세요.

4. 달걀물 : 다시마물을 1 : 1 또는 1 : 1.5 비율로 섞어주세요.

5. 4의 달걀물을 체에 한 번 더 걸러내고 작은 그릇에 나눠 담아주세요.

6. 달걀을 담은 그릇에 랩을 씌우고 수증기가 떨어지지 않게 젓가락으로 작은 구멍 2~3개를 뚫어주세요.

7. 찜기에 물이 끓으면 달걀 담은 그릇을 넣어주세요.

8. 뚜껑을 덮고 중불에 15분간 쪄주세요.

tip. 햄 또는 당근을 꽃 모양 틀로 찍어 올리면 더 맛있어 보여요.

SUMMER SECOND WEEK

여름 2주 : 장보기

재료	수량	가격(원)	요리
진미채	500g	12,800	진미채무침
			진미채볶음
			진미채버터구이
스팸	200g	2,200	스팸두부찌개
			스팸두부조림
두부	1모	1,000	스팸두부찌개
			스팸두부조림
사각어묵	300g	1,980	매운어묵탕
			어묵조림
		17,980	

여름 2주 : 메뉴 소개

진미채무침 — 촉촉한 오징어의 매콤 달콤한 맛에 자꾸 젓가락이 갑니다.

진미채볶음 — 마요네즈가 어우러져 매콤 달콤하면서도 부드러운 맛.

진미채버터구이 — 영화 볼 때 또는 가볍게 맥주 한 잔할 때 간단히 만들어 먹어요.

스팸두부찌개 — 짭짤한 스팸과 고소한 두부가 만난 얼큰한 찌개. 숟가락이 멈추지 않아요.

스팸두부조림 — 스팸과 두부의 환상적인 조화. 도시락 반찬으로도 인기 만점.

매운어묵탕 — 국물이 얼큰해서 밥반찬은 물론 술안주로도 좋아요.

어묵조림 — 어묵볶음보다 불 조절이 쉬워서 더 간단하게 만들 수 있어요.

진미채무침

2 week 여름

조리시간 10분

보관기간 냉장 7일

장보기 재료

진미채 200g

기본재료

☐ 진간장 1숟가락
☐ 다진 마늘 0.5숟가락
☐ 설탕 1숟가락
☐ 참기름 1숟가락
☐ 고추장 1숟가락 듬뿍
☐ 올리고당 1숟가락
☐ 깨 1숟가락
☐ 물 2~3숟가락

1. 진미채 200g은 깨끗이 씻어 물기를 꽉 짜주세요.

2. 진미채를 5cm 길이로 잘라주세요.

3. 진간장 1숟가락, 다진 마늘 0.5숟가락, 설탕 1숟가락, 참기름 1숟가락, 고추장 1숟가락 듬뿍 섞어서 양념장을 만들어주세요.

4. 잘라놓은 진미채에 양념장을 넣고 골고루 무쳐주세요.

tip. 물 2~3숟가락을 넣고 무치면 더 촉촉하게 먹을 수 있어요.

5. 올리고당 1숟가락, 깨 1숟가락을 넣고 골고루 섞어주세요.

진미채볶음

2 week 여름

조리시간 20분
보관기간 냉장 7일

장보기 재료

진미채 150g

기본재료

- 고추장 1숟가락
- 진간장 1숟가락
- 다진 마늘 0.5숟가락
- 설탕 1숟가락
- 식용유 3숟가락
- 참기름 1숟가락
- 마요네즈 1숟가락
- 깨 1숟가락

1. 진미채 150g을 씻어서 물기를 꽉 짠 후 4~5cm 길이로 잘라주세요.

2. 고추장 1숟가락, 진간장 1숟가락, 다진 마늘 0.5숟가락, 설탕 1숟가락을 섞어서 양념장을 만들어주세요.

3. 프라이팬에 식용유 3숟가락을 두르고 양념장을 약불에 볶아주세요.

4. 양념장이 끓으면 약불을 유지하면서 진미채와 참기름 1숟가락을 넣고 골고루 볶아주세요.

5. 약불을 유지하면서 마요네즈 1숟가락을 넣고 골고루 섞어주세요.

6. 약불을 유지하면서 깨 1숟가락을 넣고 섞어주세요.

진미채버터구이

조리시간 15분

보관기간 냉장 1일

장보기 재료

진미채 150g

기본재료

- 버터 15g
- 설탕 1숟가락

1. 진미채 150g을 물에 씻어서 물기를 꽉 짜주세요.

2. 진미채를 6cm 길이로 잘라주세요.

3. 버터 15g을 전자레인지에 30초 돌려 녹여주세요.

tip. 버터 녹일 땐 랩 또는 뚜껑을 꼭 씌워주세요. 전자레인지 안에서 튈 수 있어요.

4. 녹인 버터에 설탕 1숟가락을 넣고 골고루 섞어주세요.

5. 진미채에 녹인 버터를 골고루 버무려주세요.

6. 예열한 에어프라이어에 160도로 5분간 구워주세요.

tip. 에어프라이어 또는 오븐이 없다면 아주 약한 불에서 프라이팬에 볶아주세요.

스팸두부찌개

2 week 여름

조리시간 20분

보관기간 냉장 3일

106

장보기 재료

스팸 100g
두부 1/2모

기본재료

☐ 감자 1개
☐ 양파 1/2개
☐ 대파 1/3대
☐ 청양고추 1개
☐ 물 500㎖
☐ 고추장 1숟가락
☐ 고춧가루 0.5숟가락

1. 스팸 100g은 뜨거운 물을 부어 불순물을 제거해주세요.

2. 스팸과 두부 1/2모는 폭을 맞춰 5mm 두께로 썰어주세요.

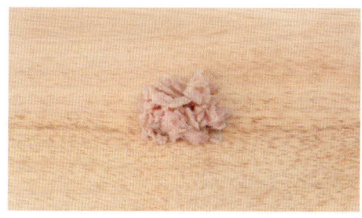

3. 자투리 스팸은 으깨주세요.

4. 감자 1개는 3mm 두께로 반달썰기, 양파 1/2개는 3mm 두께로 채썰기, 대파 1/3대와 청양고추 1개는 송송 썰어주세요.

5. 물 500㎖에 고추장 1숟가락을 풀어주세요.

6. 전골냄비에 감자, 양파, 으깬 스팸을 담고 5의 고추장물을 부어주세요.

7. 스팸과 두부를 차례차례 동그랗게 올리고 끓여주세요.

8. 찌개가 끓으면 고춧가루 0.5숟가락, 송송 썬 대파와 청양고추를 넣고 한 번 더 끓여주세요.

스팸두부조림

조리시간
15분

보관기간
냉장 3일

장보기 재료

스팸 100g
두부 1/2모

기본재료

□ 대파 1/3대
□ 청양고추 1개
□ 홍고추 1개
□ 밀가루 1숟가락
□ 물 25㎖
□ 진간장 2숟가락
□ 다진 마늘 0.5숟가락
□ 물엿 1숟가락
□ 식용유 2숟가락
□ 올리고당 1숟가락
□ 깨 조금

1. 스팸 100g, 두부 1/2모를 1×5cm 크기로 깍둑썰기를 해주세요.

2. 대파 1/3대, 청양고추 1개, 홍고추 1개를 1cm 두께로 송송 썰어주세요.

3. 물 25㎖에 진간장 2숟가락, 다진 마늘 0.5숟가락, 물엿 1숟가락을 섞어 양념장을 만들어주세요.

4. 기름 없이 달군 프라이팬에 스팸을 올리고 중불에 앞뒤로 구워주세요.

5. 두부는 물기를 닦고 밀가루를 묻혀주세요.

tip. 위생백에 밀가루 1숟가락과 두부를 넣고 풍선처럼 부풀려서 흔들어주면 편해요.

6. 프라이팬에 식용유 2숟가락을 두르고 두부를 구워주세요.

7. 구운 스팸, 두부, 송송 썬 대파, 청양고추, 홍고추, 양념장을 넣고 볶아주세요. 양념이 끓으면 중불에서 볶아가며 조려주세요.

8. 올리고당 1숟가락, 깨 조금 섞고 불을 꺼주세요.

매운어묵탕

2 week 여름

조리시간: 25분
보관기간: 냉장 3일

장보기 재료

사각어묵 150g
꽂이

기본재료

☐ 양파 1/2개
☐ 대파 1대
☐ 청양고추 1개
☐ 고추장 1숟가락
☐ 고춧가루 1숟가락
☐ 다진 마늘 0.5숟가락
☐ 물 500㎖
☐ 국물용 멸치 1줌

1. 사각어묵 150g을 길게 반으로 잘라주세요.

2. 자른 어묵을 길게 반으로 접어 꽂이에 끼워주세요.

3. 양파 1/2개는 5mm 두께로 채썰기, 대파 흰 부분 1/2대는 5cm 길이로 자르고, 대파 푸른 부분 1/2대, 청양고추 1개는 어슷썰기를 해주세요.

4. 전골냄비에 물 500㎖, 국물용 멸치 1줌, 대파 흰 부분, 채 썬 양파, 어슷 썬 청양고추를 넣고 끓여주세요.

5. 고추장 1숟가락, 다진 마늘 0.5숟가락을 넣어주세요.

6. 꽂이어묵을 넣고 국물을 골고루 뿌려가며 끓여주세요.

7. 고춧가루 1숟가락을 넣어주세요.

8. 어슷 썬 대파 푸른 부분을 넣어주세요.

어묵조림

2 week 여름

조리시간 15분

보관기간 냉장 7일

112

장보기 재료

사각어묵 150g

기본재료

- 양파 1/2개
- 청양고추 1개
- 물 50㎖
- 진간장 3숟가락
- 다진 마늘 0.3숟가락
- 고춧가루 0.5숟가락
- 올리고당 1숟가락

1. 양파 1/2개는 5mm 두께로 채 썰고, 청양고추 1개는 어슷썰기를 해주세요.

2. 사각어묵 150g은 5mm 두께로 길쭉하게 썰어주세요.

3. 팬에 물 50㎖, 진간장 3숟가락, 다진 마늘 0.3숟가락, 채 썬 양파를 넣고 끓여주세요.

4. 양념장이 끓으면 어묵을 넣고 양념이 골고루 배도록 섞어가며 조려주세요.

5. 고춧가루 0.5숟가락, 어슷 썬 청양고추를 넣고 볶아주세요. 불이 너무 세면 살짝 줄여서 볶아주세요.

6. 올리고당 1숟가락을 넣고 섞어주세요.

SUMMER THIRD WEEK

여름 3주 : 장보기

재료	수량	가격(원)	요리
오징어	1마리	2,690	오징어초무침
오이	5개	3,480	오이소박이
			오징어초무침
무말랭이	200g	4,380	무말랭이무침
건고춧잎	70g	3,900	무말랭이무침
			고춧잎된장무침
부추	400g	2,480	오이소박이
			부추무침
깐 도라지	200g	4,700	도라지나물
		21,630	

여름 3주 : 메뉴 소개

오징어초무침

무더운 여름 입맛 돌게 하는 새콤 매콤 쫄깃 아삭한 맛.

무말랭이무침

무말랭이는 물에 불리면 양이 많아져요. 남은 무말랭이는 소분해서 지퍼백에 밀봉하여 햇볕이 닿지 않는 서늘한 곳에 보관하세요.

고춧잎된장무침

줄기는 불리는 데 시간이 오래 걸리니 미지근한 물에 담가서 불리면 시간을 단축할 수 있어요.

오이소박이

여름이면 빠질 수 없는 오이김치. 부추김치소를 넣어 더 감칠맛이 돌아요.

부추무침

남은 부추를 보관할 때는 키친타월 또는 신문지에 싸서 채소칸에 보관하세요. 보관 기간이 짧아 되도록 빨리 사용합니다.

도라지나물

달걀 프라이, 고추장, 참기름과 함께 비벼 먹으면 맛있는 비빔밥이 됩니다.

오징어초무침

3 week
여름

조리시간
20분

보관기간
냉장 3일

장보기 재료

오징어 1마리
오이 1개

기본재료

- 양파 1/2개
- 소금 0.5숟가락
- 고추장 1숟가락
- 고춧가루 0.5숟가락
- 다진 마늘 0.5숟가락
- 2배식초 2.5숟가락
- 올리고당 2숟가락
- 깨 1숟가락

1. 오징어 1마리는 내장을 제거하고 깨끗이 씻은 후 키친타월을 이용해 껍질을 벗겨주세요.

2. 칼을 살짝 뉘어 오징어 안쪽에 사선으로 칼집을 내주세요.

3. 끓는 물에 오징어를 데치고 길게 반으로 잘라 1.5cm 두께로 썰어주세요.

4. 오이 1개를 길게 반으로 잘라 어슷썰기를 하고, 양파 1/2개는 0.5cm 두께로 채 썰어주세요.

5. 오이와 양파에 소금 0.5숟가락을 버무려 10분간 절인 후 물에 헹구고 물기를 꽉 짜주세요.

6. 고추장 1숟가락, 고춧가루 0.5숟가락, 다진 마늘 0.5숟가락, 2배식초 2.5숟가락, 올리고당 2숟가락을 섞어 양념장을 만들어주세요.

7. 데친 오징어, 절인 오이와 양파에 양념장을 넣고 골고루 무쳐주세요.

8. 깨 1숟가락을 뿌려주세요.

무말랭이무침

3 week 여름

조리시간 15분
보관기간 냉장 7일

장보기 재료

무말랭이 200g
건고춧잎 20g

기본재료

- 진간장 3숟가락
- 멸치액젓 1.5숟가락
- 다진 마늘 0.5숟가락
- 올리고당 3숟가락
- 매실액 1숟가락
- 고춧가루 3숟가락
- 참기름 2숟가락
- 깨 1숟가락

1. 무말랭이 200g, 건고춧잎 20g을 1시간 이상 물에 불려주세요.

tip. 건고춧잎은 뜨거운 물에 10분 정도 담근 후 찬물에 불리면 질긴 줄기가 부드러워져요.

2. 불린 무말랭이와 고춧잎을 물에 여러 번 씻어서 물기를 꽉 짜주세요.

tip. 무말랭이는 꼬릿한 냄새가 나니 여러 번 박박 문질러 씻어요.

3. 고춧잎은 뭉쳐서 4~6등분으로 잘라주세요.

4. 진간장 3숟가락, 멸치액젓 1.5숟가락, 다진 마늘 0.5숟가락, 올리고당 3숟가락, 매실액 1숟가락, 고춧가루 3숟가락을 섞어서 양념장을 만들어주세요.

5. 무말랭이, 고춧잎에 양념장을 넣고 골고루 무쳐주세요.

6. 깨 1숟가락, 참기름 2숟가락을 넣고 골고루 무쳐주세요.

tip. 먹기 직전 접시에 담아서 참기름 한 방울을 떨어트리면 더 고소한 맛을 느낄 수 있어요.

고춧잎된장무침

3 week 여름

조리시간: 15분
보관기간: 냉장 7일

장보기 재료

건고춧잎 50g

기본재료

- 대파 흰 부분 10cm
- 홍고추 1개
- 된장 0.5숟가락
- 매실청 0.5숟가락
- 다진 마늘 0.3숟가락
- 참기름 1숟가락
- 깨 1숟가락

1. 건고춧잎 50g을 30분 동안 미지근한 물에 불려주세요.

2. 끓는 물에 불린 고춧잎을 30초간 데쳐주세요.

3. 데친 고춧잎을 찬물에 여러 번 씻어서 물기를 꽉 짜주세요.

4. 고춧잎을 뭉쳐서 2등분으로 잘라주세요.

5. 대파 흰 부분 10cm, 홍고추 1개를 길게 4등분해서 다져주세요.

6. 된장 0.5숟가락, 매실청 0.5숟가락, 다진 마늘 0.3숟가락, 참기름 1숟가락을 골고루 섞어 양념장을 만들어주세요.

7. 데친 고춧잎, 다진 대파, 홍고추에 양념장을 넣고 골고루 버무려주세요.

8. 깨 1숟가락을 넣고 버무려주세요.

오이소박이

3 week 여름

⏱ 조리시간
30분

❄ 보관기간
냉장 15일

장보기 재료

오이 4개
부추 200g

....

기본재료

☐ 양파 1/2개
☐ 물 1ℓ
☐ 천일염 2컵(소주잔)+a
☐ 고춧가루 4숟가락
☐ 멸치액젓 2숟가락
☐ 매실액 2숟가락
☐ 다진 마늘 1숟가락

1. 오이 4개는 굵은 소금으로 비벼서 가시를 제거하고 깨끗이 씻어주세요.

2. 오이의 양쪽 끝을 자른 후 4등분으로 잘라주세요.

3. 물 1ℓ에 천일염 2컵을 넣고 끓인 물을 자른 오이에 부어 10분간 절여주세요.

4. 절인 오이는 찬물에 씻어서 물기를 꽉 짠 후 1cm 남기고 열십자(+)로 칼집을 내주세요.

5. 부추 200g을 2cm 길이로 잘라주세요.

6. 양파 1/2개는 반으로 자른 후 3mm 두께로 채 썰어주세요.

7. 양파, 부추에 고춧가루 4숟가락, 멸치액젓 2숟가락, 매실액 2숟가락, 다진 마늘 1숟가락을 넣고 골고루 섞어주세요.

8. 7을 칼집 낸 오이 속에 채우고 겉에도 바른 후 김치통에 차곡차곡 담아주세요.

tip. 실온에서 하루 정도 익힌 후 냉장 보관하세요.

부추무침

3 week 여름

조리시간
15분

보관기간
냉장 3일

장보기 재료
부추 200g

기본재료
- 국간장 0.5숟가락
- 멸치액젓 0.5숟가락
- 다진 마늘 0.3숟가락
- 참기름 1숟가락
- 깨 1숟가락

1. 부추 200g을 깨끗이 씻어서 6cm 길이로 잘라주세요.

2. 끓는 물에 부추를 20초간 데쳐주세요.
tip. 부추를 끓는 물에 살짝 담갔다 빼면 됩니다.

3. 데친 부추를 찬물에 헹구고 물기를 꽉 짜주세요.

4. 국간장 0.5숟가락, 멸치액젓 0.5숟가락, 다진 마늘 0.3숟가락, 참기름 1숟가락을 골고루 섞어 양념장을 만들어주세요.

5. 뭉친 부추를 풀어서 양념장을 골고루 버무려주세요.

6. 깨 1숟가락을 뿌려 골고루 무쳐주세요.

도라지나물

3 week 여름

조리시간 15분

보관기간 냉장 3일

장보기 재료

깐 도라지 200g

기본재료

- 대파 푸른 부분 10cm
- 홍고추 1개
- 소금 1.3순가락
- 설탕 0.5순가락
- 다진 마늘 0.3순가락
- 참기름 1.5순가락
- 깨 1순가락

1. 깐 도라지 200g은 소금 1순가락을 뿌려 비빈 후 찬물에 30분 담가두었다 찬물에 씻어주세요.

2. 끓는 물에 도라지를 넣고 1분간 데쳐 주세요.

3. 데친 도라지는 찬물에 헹구고 물기를 꽉 짠 후 4cm 길이로 잘라주세요.

4. 대파 푸른 부분 10cm는 길게 4등분 해서 다지고, 홍고추 1개는 송송 썰어주세요.

5. 프라이팬을 달군 후 중불에 도라지를 넣고 참기름 1순가락을 둘러서 볶아주세요.

6. 설탕 0.5순가락, 소금 0.3순가락, 다진 마늘 0.3순가락, 참기름 0.5순가락, 다진 대파, 송송 썬 홍고추를 넣고 중불을 유지하면서 볶아주세요.

7. 깨 1순가락을 뿌려주세요.

SUMMER FOURTH WEEK

여름 4주 : 장보기

재료	수량	가격(원)	요리
열무	1단	2,980	열무된장무침
			열무장아찌
닭(볶음탕용)	1kg	5,980	찜닭
표고버섯	120g(4개)	2,980	찜닭
			두부버섯전골
당면	100g	980	찜닭
			두부버섯전골
알감자	900g(18~23개)	990	찜닭
			알감자조림
두부	2모	2,000	두부버섯전골
			스팸두부샌드
스팸	200g	3,880	스팸두부샌드
		19,790	

여름 4주 : 메뉴 소개

열무된장무침

아삭한 열무와 된장 소스가 입맛을 찾아주어 무더위를 거뜬히 이겨낼 수 있어요.

열무장아찌

김치와 달리 아삭하고 새콤해 고기에 곁들여 먹어도 맛있어요.

찜닭

매콤짭짤한 찜닭은 손님 초대 요리로도 좋아요. 청양고추 대신 베트남 건고추를 조금만 넣어보세요.

알감자조림

달콤 짭짤한 맛이 매력적인 알감자조림은 깨끗이 씻어서 껍질째 먹는 것이 좋아요.

두부버섯전골

간단하게 만들 수 있고 국물맛도 깔끔해요. 일품 요리로 올려도 손색없어요.

스팸두부샌드

짭짤함과 담백한 맛이 잘 어울리는 반찬이에요. 도시락 반찬으로 더욱 인기가 좋아요.

열무된장무침

4 week
여름

조리시간
20분

보관기간
냉장 5일

장보기 재료

열무 1단 중 잎쪽

....

기본재료

- ☐ 소금 0.5숟가락
- ☐ 된장 1숟가락 듬뿍
- ☐ 다진 마늘 1숟가락
- ☐ 참기름 1숟가락
- ☐ 매실액 2숟가락
- ☐ 깨 1숟가락

1. 끓는 물에 소금 0.5숟가락을 넣고 손질한 열무를 1분간 데쳐주세요.

tip. 시들은 열무잎은 골라 떼어내주세요.

2. 데친 열무는 물기를 꽉 짜주세요.

3. 물기를 짠 열무를 5cm 길이로 잘라주세요.

4. 된장 1숟가락 듬뿍, 다진 마늘 1숟가락, 참기름 1숟가락, 매실액 2숟가락, 깨 1숟가락을 골고루 섞어 양념장을 만들어주세요.

5. 열무에 된장 양념을 넣고 골고루 무쳐주세요.

열무장아찌

4 week 여름

조리시간 20분

보관기간 냉장 1달

장보기 재료

열무 1단 중 뿌리쪽

기본재료

- 소금 0.5숟가락
- 청양고추 2개
- 홍고추 2개
- 통마늘 5개
- 양조간장 100㎖
- 물 100㎖
- 식초 50㎖
- 설탕 50㎖

1. 끓는 물에 소금 0.5숟가락을 넣고 손질한 열무를 30초간 데쳐주세요.

tip. 열무뿌리는 칼로 긁어 흙을 제거해주세요.

2. 데친 열무는 찬물에 헹구고 물기를 짜주세요.

3. 청양고추 2개, 홍고추 2개를 반으로 잘라주세요.

4. 양조간장 100㎖, 물 100㎖, 식초 50㎖, 설탕 50㎖를 섞어서 끓여주세요.

5. 강화유리 반찬통에 데친 열무와 청양고추, 홍고추, 통마늘 5개를 넣어주세요.

6. 4의 끓인 간장 양념을 붓고 뜨거운 김이 빠지면 뚜껑을 덮어주세요.

tip. 열무가 양념장 위로 뜨지 않게 작은 접시로 눌러놓거나 가끔 뒤집어주세요.

4 week

여름

찜닭

조리시간
40분

보관기간
냉장 3일

장보기 재료

닭 1마리(볶음탕용 1kg)
표고버섯 1개
당면 70g
알감자 3개

기본재료

☐ 양파 1/2개
☐ 대파 1/2대
☐ 당근 1/2개
☐ 청양고추 1개
☐ 홍고추 1개
☐ 물 600㎖
☐ 진간장 60㎖
☐ 설탕 2숟가락
☐ 다진 마늘 1숟가락
☐ 생강가루 0.3숟가락
☐ 올리고당 2~3숟가락
☐ 참기름 1숟가락
☐ 깨 1숟가락
☐ 후춧가루 조금

1. 미지근한 물에 당면 70g을 10~20분간 불려주세요.

tip. 찜닭에는 납작당면을 넣어야 더 먹음직스러워요.

2. 닭 1마리는 깨끗이 씻어 초벌 삶기를 한 후 찬물에 헹구고 식혀주세요.

3. 양파 1/2개는 깍둑썰기, 대파 1/2대는 다지기, 당근 1/2개는 3mm 두께로 반달썰기, 청양고추 1개와 홍고추 1개는 어슷썰기를 해주세요.

4. 표고버섯 1개는 밑동을 반으로 자르고 머리는 칼을 살짝 뉘어 열십자 모양을 내주세요. 알감자 3개는 껍질을 벗기고 반으로 잘라주세요.

5. 물 600㎖에 진간장 60㎖, 설탕 2숟가락, 다진 마늘 1숟가락, 생강가루 0.3숟가락을 섞어주세요.

6. 양념물에 닭고기, 당근, 알감자, 어슷 썬 청양고추를 넣고 끓여주세요.

7. 끓기 시작하면 불린 당면, 양파, 표고버섯을 넣고 중불에 15분 정도 조려주세요.

8. 올리고당 2~3숟가락을 넣어 윤기를 더해주고, 참기름 1숟가락, 다진 대파와 어슷 썬 홍고추, 깨 1숟가락을 넣고 취향에 따라 후춧가루를 조금 뿌려주세요.

tip. 흑설탕을 넣으면 더 진하고 맛깔스러운 찜닭을 만들 수 있어요.

알감자조림

4 week 여름

조리시간 25분

보관기간 냉장 7일

장보기 재료

알감자 15~20개

기본재료

- 물 700㎖
- 진간장 5숟가락+50㎖
- 설탕 1숟가락
- 다시마 3장(3×4cm)
- 물엿 50㎖
- 깨 1숟가락

1. 알감자 15~20개는 껍질을 벗기고 흐르는 물에 씻어주세요.

tip. 작은 크기는 껍질째 조리해도 됩니다. 새 수세미 또는 키친타월로 껍질을 닦으면 편해요.

2. 물 600㎖에 진간장 5숟가락, 설탕 1숟가락, 다시마 3장을 넣고 끓여주세요.

3. 물이 끓으면 다시마를 건져내세요.

4. 알감자를 넣고 뚜껑을 덮어서 10분간 삶아 건져주세요.

5. 프라이팬에 물 100㎖, 진간장 50㎖, 물엿 50㎖, 삶은 알감자를 넣고 양념에 굴려가며 조려주세요.

6. 양념이 졸아들면 깨 1숟가락을 뿌려주세요.

두부버섯전골

4 week 여름

조리시간 25분
보관기간 냉장 2일

장보기 재료

두부 1모
표고버섯 3개
당면 30g

기본재료

☐ 양파 1/2개
☐ 대파 1/2대
☐ 청양고추 1개
☐ 물 500㎖
☐ 국물용 멸치 1줌
☐ 다진 마늘 0.5숟가락
☐ 국간장 2숟가락
☐ 멸치액젓 1숟가락

1. 당면 30g을 뜨거운 물에 10분간 불린 후 반으로 잘라주세요.

2. 두부 1모를 반으로 자른 후 5mm 두께로 썰어주세요.

3. 표고버섯 3개는 밑동과 머리를 분리하고, 머리 1개는 열십자 모양의 칼집을 내고, 나머지 머리 2개는 5mm 두께로 편을 썰어주세요. 밑동은 지저분한 부분을 잘라내고 길게 반으로 잘라주세요.

4. 양파 1/2개는 반으로 자르고, 대파 흰 부분은 5cm 길이로 자르고, 대파 푸른 부분과 청양고추 1개는 어슷썰기를 해주세요.

5. 물 500㎖에 양파, 대파 흰 부분, 청양고추, 내장을 떼어낸 국물용 멸치 1줌, 다진 마늘 0.5숟가락, 국간장 2숟가락, 멸치액젓 1숟가락을 넣고 끓여주세요. 물이 끓으면 중불로 줄이고 10~15분간 더 끓여주세요.

6. 끓인 육수는 체에 걸러주세요.

7. 냄비에 두부와 버섯을 동그랗게 담고 가운데 불린 당면과 육수를 붓고 끓여주세요.

8. 육수가 끓으면 대파 푸른 부분을 넣고 소금 또는 국간장으로 간을 맞춰주세요.

tip. 팽이버섯, 목이버섯, 새송이버섯 등 여러 가지 다양한 버섯을 넣어보세요.

스팸두부샌드

4 week
여름

조리시간
15분

보관기간
냉장 3일

장보기 재료

두부 1모
스팸 200g

기본재료

☐ 소금 0.5숟가락
☐ 밀가루 적당량
☐ 달걀 1개
☐ 식용유 3숟가락

1. 끓는 물에 소금 0.5숟가락을 넣고 두부 1모를 1분간 데쳐주세요.

tip. 소금물에 두부를 데치면 두부가 더욱 단단해져요.

2. 끓는 물에 스팸 200g을 넣고 30초간 데쳐주세요.

3. 두부와 스팸을 5mm 두께로 넓게 자른 후 크기를 맞춰 썰어주세요.

4. 두부 → 스팸 → 두부 순서로 쌓아서 3등분으로 잘라주세요.

5. 위아래 옆면 모두 골고루 밀가루를 묻혀주세요.

6. 달걀 1개를 풀어서 달걀물을 묻혀주세요.

7. 프라이팬에 식용유 3숟가락을 두르고 약불에 스팸두부샌드를 부쳐주세요.

8. 두부 밑면 달걀이 익으면 겹쳐진 옆면을 먼저 부친 후 윗면을 부쳐야 중간이 떨어지지 않아요.

2만원으로 일주일 집밥 만들기

****

Part 3

가을

가을은 수확의 계절, 온갖 식재료가 넘쳐나는 계절이에요.
홈파티 메뉴로도 손색없는 마라샹궈, 채소찜, 불고기 같은
풍성한 메뉴로 가을 식탁을 채워보세요.

FALL FIRST WEEK

가을 1주 : 장보기

재료	수량	가격(원)	요리
캔참치	250g	5,980	참치무조림
			깻잎참치전
무	100g	1,250(1개)	참치무조림
깻잎순	200g	2,980	깻잎참치전
			깻잎순나물
가지	2개	1,980	가지찜무침
			가지냉국
미역줄기	300g	2,280	미역줄기볶음
		14,470	

가을 1주 : 메뉴 소개

참치무조림

달달한 무조림과 참치가 양념과 어우러져 그야말로 밥도둑이에요.

깻잎참치전

간단하게 만들 수 있고 언제 먹어도 맛있는 깻잎참치전은 명절에도 인기 메뉴예요.

깻잎순나물

향긋한 깻잎순에 들기름향이 어우러져 더욱 고소한 나물 반찬이에요.

가지찜무침

짭쪼름 고소한 양념과 부드러운 가지 맛이 일품이에요.

가지냉국

부드러운 가지와 새콤달콤한 냉국. 냉장 보관해두고 오래오래 먹을 수 있어요.

미역줄기볶음

염장된 미역줄기는 소금이 정말 많아요. 꼭 염분을 잘 제거하고 만들어주세요.

1 week
가을

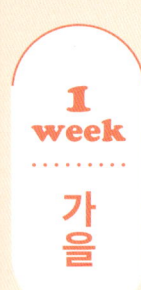

참치무조림

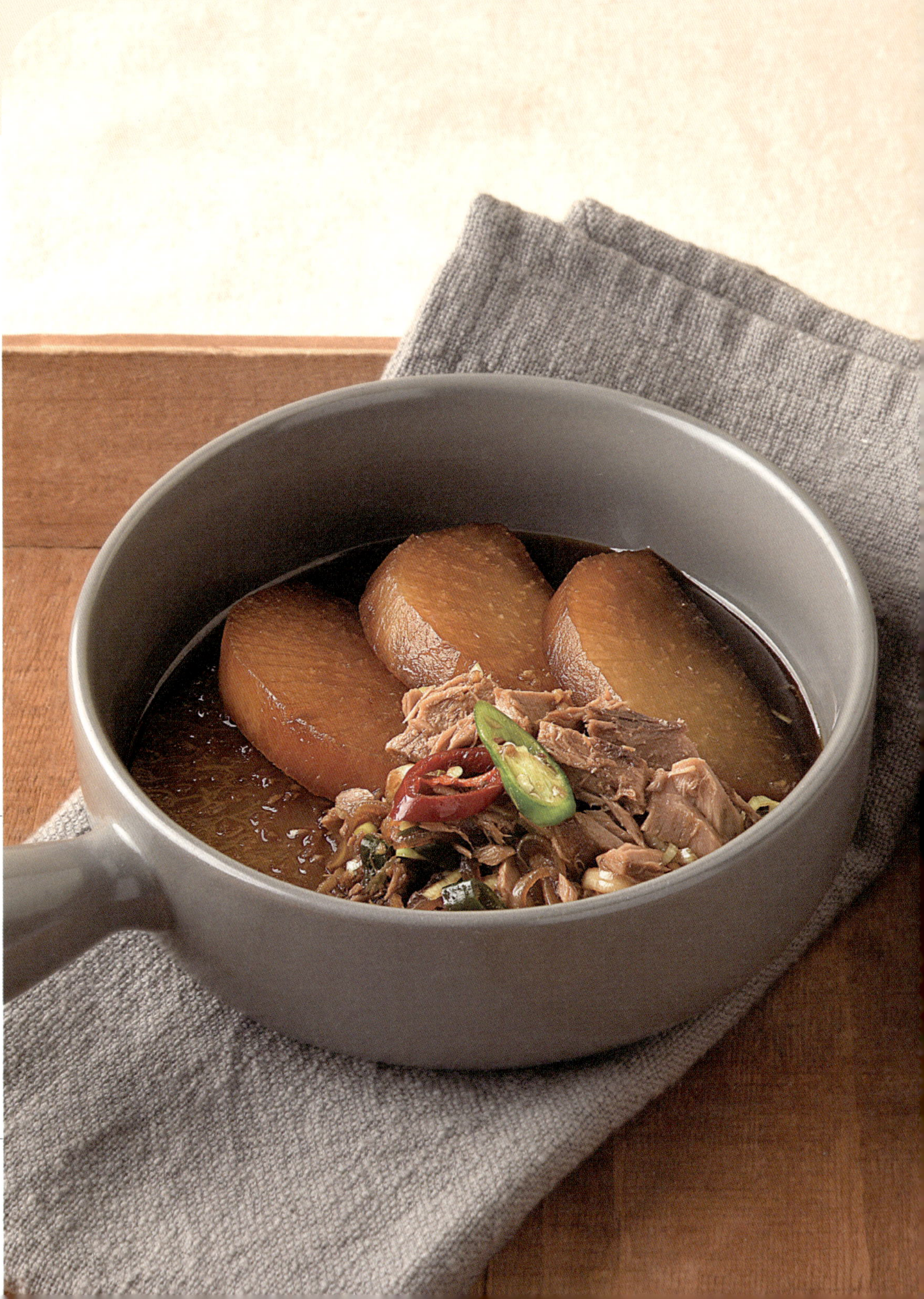

조리시간
35분

보관기간
냉장 5일

장보기 재료

캔참치 130g
무 100g

기본재료

☐ 양파 1/4개
☐ 홍고추 1개
☐ 청양고추 1개
☐ 대파 1/2대
☐ 물 350㎖
☐ 국물용 멸치 10마리
☐ 다진 마늘 0.5숟가락
☐ 진간장 5숟가락
☐ 물엿(또는 설탕) 1.5숟가락

1. 무 100g을 1cm 두께로 반달썰기를 해주세요.

2. 양파 1/4개는 채 썰고, 홍고추 1개와 청양고추 1개는 어슷썰기를 해주세요.

3. 대파 1/2대는 길게 반으로 잘라서 송송 썰어주세요.

4. 냄비에 무와 물 350㎖, 국물용 멸치 10마리를 넣고 끓여주세요. 육수가 끓기 시작하면 중불로 줄여서 15~20분간 끓여줍니다.

tip. 육수망 또는 육수팩을 사용하면 깔끔하고, 국물용 멸치가 없다면 멸치액젓 1숟가락을 넣어주세요.

5. 멸치를 건져낸 후 채 썬 양파, 어슷 썬 청양고추, 다진 마늘 0.5숟가락, 진간장 5숟가락, 물엿(또는 설탕) 1.5숟가락을 넣고 무를 조려주세요.

tip. 무 속까지 양념이 배도록 조려주세요.

6. 불 끄기 직전에 참치가 으스러지지 않도록 숟가락으로 떠서 넣어주세요.

7. 양념을 숟가락으로 떠서 골고루 뿌려주세요.

8. 송송 썬 대파, 어슷 썬 홍고추를 넣어주세요.

깻잎참치전

1 week 가을

조리시간 20분

보관기간 냉장 3일

장보기 재료

캔참치 120g
큰 깻잎순 10장

기본재료

- 양파 1/5개
- 당근 1/5개
- 대파 1/3대
- 달걀 2개
- 부침가루(또는 밀가루) 2숟가락
- 식용유 3숟가락

1. 큰 깻잎 10장을 골라 깨끗이 씻은 후 물기를 털어주세요.

tip. 깻잎순 묶음을 사면 다양한 크기의 깻잎이 있어요.

2. 양파 1/5개, 당근 1/5개, 대파 1/3대는 잘게 다져주세요.

3. 기름을 꽉 짜낸 참치 1/2캔, 다진 양파, 당근, 대파, 부침가루(또는 밀가루) 1숟가락, 달걀 1개를 골고루 섞어주세요.

4. 깻잎 뒷면에 3의 참치반죽 0.5~1숟가락을 올리고 반으로 접어주세요.

5. 프라이팬에 식용유 3숟가락을 두르고 예열한 후 약불로 줄여주세요.

6. 밀가루 1숟가락을 펼쳐서 4를 얇게 묻힌 후 달걀 1개를 풀어서 묻혀주세요.

7. 깻잎참치전을 부쳐주세요.

8. 밑면 달걀이 익으면 뒤집어서 부쳐주세요.

tip. 불 세기는 약하게, 식용유는 넉넉하게 사용해야 노릇노릇 예쁘게 부칠 수 있어요.

깻잎순나물

1 week 가을

조리시간
15분

보관기간
냉장 5일

장보기 재료

깻잎순 150g

기본재료

- 소금 0.5숟가락
- 대파 흰 부분 1/5대
- 다진 마늘 0.3숟가락
- 국간장 2숟가락
- 들기름 3숟가락
- 깨 1숟가락

1. 깻잎순 150g을 찬물에 3회 이상 헹구고 깨끗이 씻어주세요.

2. 끓는 물에 소금 0.5숟가락을 넣고 깻잎순을 1분 정도 데친 후 찬물에 헹궈주세요.

3. 찬물에 헹군 깻잎순의 물기를 꽉 짜주세요.

4. 대파 흰 부분 1/5대를 길게 반으로 잘라서 잘게 썰어주세요.

5. 뭉친 깻잎순을 흩어서 풀고 다진 마늘 0.3숟가락, 국간장 2숟가락, 들기름 1숟가락을 넣고 조물조물 무쳐주세요.

6. 프라이팬에 들기름 2숟가락을 두르고 센 불에 양념한 깻잎순을 30초간 볶은 후 불을 끄고 잔열로 한 번 더 볶아주세요.

7. 잘게 썬 대파, 깨 1숟가락을 넣고 골고루 섞어주세요.

가지찜무침

1 week
가을

조리시간
15분

보관기간
냉장 3일

장보기 재료

가지 1개

기본재료

- 대파 1/3대
- 청양고추 1/2개
- 홍고추 1/2개
- 국간장 2숟가락
- 다진 마늘 0.3숟가락
- 고춧가루 0.5숟가락
- 참기름 1숟가락
- 깨 1숟가락

1. 가지 1개를 3등분한 후 다시 길게 반으로 잘라주세요.

2. 대파 1/3대, 청양고추 1/2개, 홍고추 1/2개를 길게 4등분해서 다져주세요.

3. 찜기에 물이 끓으면 자른 가지를 넣고 3분간 찐 후 식혀주세요.

4. 다진 대파, 청양고추, 홍고추에 국간장 2숟가락, 다진 마늘 0.3숟가락, 고춧가루 0.5숟가락, 참기름 1숟가락을 골고루 섞어 양념장을 만들어주세요.

5. 식힌 가지를 길게 3~4등분으로 찢어서 물기를 꽉 짜주세요.

6. 찐 가지에 양념장을 조물조물 무쳐주세요.

7. 깨 1숟가락을 뿌려 골고루 섞어주세요.

1 week
가을

가지냉국

조리시간
15분

보관기간
냉장 10일

154

장보기 재료

가지 1개

기본재료

- ☐ 청양고추 1/2개
- ☐ 홍고추 1/2개
- ☐ 소금 0.5숟가락
- ☐ 설탕 2숟가락
- ☐ 식초 3숟가락
- ☐ 생수 300㎖+2숟가락
- ☐ 진간장 1숟가락
- ☐ 매실액 1숟가락
- ☐ 다진 마늘 0.3숟가락
- ☐ 깨 1숟가락

1. 생수 300㎖에 소금 0.5숟가락, 설탕 2숟가락, 식초 3숟가락을 알갱이가 완전히 녹을 정도로 섞은 후 시원하게 냉장 보관해주세요.

2. 가지 1개를 4등분한 후 길게 4~6등분으로 잘라주세요

3. 청양고추 1/2개와 홍고추 1/2개를 3mm 두께로 송송 썰어주세요.

4. 가지는 찜기에 3분간 찌거나 전자레인지용 용기에 가지와 물 2숟가락을 넣고 1분간 익힌 후 식혀주세요.

5. 진간장 1숟가락, 매실액 1숟가락, 다진 마늘 0.3숟가락, 깨 1숟가락을 골고루 섞어 양념장을 만들어주세요.

6. 찐 가지에 양념장을 조물조물 버무려주세요.

7. 1의 냉국에 양념한 가지를 넣어주세요.

8. 송송 썬 청양고추와 홍고추를 넣어주세요.

tip. 먹기 직전에 얼음을 넣으면 더욱 시원하게 먹을 수 있어요.

미역줄기볶음

1 week 가을

🕐 **조리시간**
45분

❄ **보관기간**
냉장 7일

156

장보기 재료

미역줄기 300g

기본재료

- 양파 1/2개
- 당근 1/3개
- 대파 흰 부분 1/2대
- 들기름 2숟가락
- 다진 마늘 1숟가락
- 식용유 1숟가락
- 깨 1숟가락

1. 염장된 미역줄기 300g을 찬물에 여러 번 헹구고 다시 손으로 박박 비벼 여러 번 헹군 후 미역줄기가 푹 잠길 정도로 물을 붓고 30분간 담가두세요.

tip. 염장된 미역줄기에 소금이 너무 많이 묻어 있어서 대충 씻으면 소금이 완전히 씻겨나가지 않아요.

2. 미역줄기를 3~4회 헹군 후 물기를 빼주세요.

3. 미역줄기를 먹기 좋게 5cm 길이로 잘라주세요.

4. 양파 1/2개, 당근 1/3개는 채 썰고, 대파 흰 부분 1/2대는 어슷썰기를 해주세요.

5. 프라이팬에 식용유 1숟가락을 두르고 채 썬 양파와 당근을 볶아주세요.

6. 들기름 2숟가락을 두르고 중불에 물기 뺀 미역줄기와 다진 마늘 1숟가락을 넣고 볶아주세요.

7. 어슷 썬 대파와 깨 1숟가락을 넣고 골고루 섞어주세요.

FALL SECOND WEEK

가을 2주 : 장보기

재료	수량	가격(원)	요리
무청	700g	3,200	무청된장지짐
무	100g	1,250(1개)	동태찌개
동태	1마리	4,980	동태찌개
두부	1모	1,000	동태찌개
			두부간장조림
애호박	1개	1,280	동태찌개
			애호박느타리버섯볶음
느타리버섯	300g	1,500	동태찌개
			애호박느타리버섯볶음
			콩나물잡채
콩나물	250g	1,000	동태찌개
			콩나물잡채
맛살	2개	1,080(4개)	콩나물잡채
시금치	200g	1,980	시금치된장무침
		17,270	

가을 2주 : 메뉴 소개

무청된장지짐

자박자박하게 끓여 국물이 더 깊고 진해요.

동태찌개

남은 동태찌개를 여러 번 끓이면 비린내가 더 날 수 있어요. 맛있게 만들어 따뜻하게 드세요.

두부간장조림

짭쪼름한 양념이 입맛을 돋우는 두부간장조림은 도시락 반찬으로도 좋아요.

애호박 느타리버섯볶음

버섯 반찬은 빨리 상할 수 있어요. 깨끗한 젓가락으로 덜어 먹으면 빨리 상하는 걸 막을 수 있어요.

콩나물잡채

아삭한 콩나물과 쫄깃한 당면이 절묘하게 어울리는 콩나물잡채는 손님 초대 요리로도 좋아요.

시금치된장무침

구수하고 짭쪼름한 된장에 무쳐 시금치의 달큰함이 더욱 살아나요.

2 week
가을

무청된장지짐

조리시간
20분

보관기간
냉장 7일

장보기 재료

무청 700g

기본재료

- 소금 1숟가락
- 양파 1/2개
- 청양고추 1개
- 홍고추 1개
- 대파 1/2대
- 된장 2숟가락
- 다진 마늘 1숟가락
- 들기름 2숟가락
- 물 200㎖
- 국물용 멸치 10마리

1. 무청 700g은 깨끗이 씻어서 끓는 물에 소금 1숟가락을 넣고 5분간 삶아주세요.

2. 삶은 무청을 찬물에 헹궈서 물기를 빼고 반으로 잘라주세요.

tip. 삶은 무청은 냉동 보관해두고 반찬 또는 된장국에 사용합니다.

3. 양파 1/2개는 채썰기, 청양고추 1개와 홍고추 1개는 어슷썰기, 대파 1/2대는 송송 썰어주세요.

4. 삶은 무청에 된장 2숟가락, 다진 마늘 1숟가락을 넣고 무쳐주세요.

5. 팬에 들기름 2숟가락을 두르고 양념한 무청을 1분간 볶아주세요.

6. 물 200㎖에 내장을 떼어낸 국물용 멸치 10마리, 볶은 무청, 채 썬 양파, 어슷 썬 청양고추를 넣고 끓여주세요.

tip. 무청의 양에 따라 물과 양념 양을 조절하세요.

7. 국물이 자글자글하면 송송 썬 대파, 어슷 썬 홍고추를 넣고 센 불에 1분간 끓여주세요.

tip. 취향에 따라 고춧가루 1숟가락을 넣어도 좋아요.

동태찌개

2 week 가을

조리시간: 25분
보관기간: 냉장 3일

장보기 재료

동태 1마리
무 100g
두부 1/3모
애호박 1/3개
느타리버섯 1줌(50g)
콩나물 100g

기본재료

- 양파 1/2개
- 대파 1/2대
- 청양고추 1개
- 홍고추 1개
- 물 1ℓ
- 다진 마늘 1숟가락
- 멸치액젓 2숟가락
- 된장 1숟가락
- 고춧가루 4숟가락
- 소금 0.5+a숟가락

 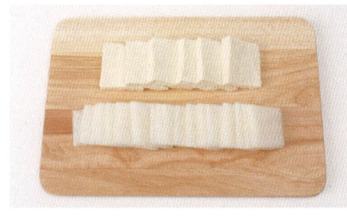

1. 동태 1마리는 지느러미를 제거하고 특히 내장을 제거한 부위를 깨끗이 씻어주세요.

2. 무 100g, 두부 1/3모는 5×5cm 크기로 썰어주세요.

3. 애호박 1/3개는 3mm 두께로 반달썰기, 느타리버섯 1줌은 2~4가닥으로 찢어주세요.

4. 양파 1/2개는 채 썰고, 대파 1/2대, 청양고추 1개, 홍고추 1개는 어슷썰기를 해주세요.

5. 물 1ℓ에 다진 마늘 1숟가락, 멸치액젓 2숟가락, 된장 1숟가락, 고춧가루 4숟가락, 소금 0.5숟가락을 넣고 골고루 섞어서 양념물을 만들어주세요.

6. 양념물에 손질한 동태와 무, 콩나물 100g, 채 썬 양파, 어슷 썬 청양고추를 넣고 끓으면 중불로 줄여서 10분간 더 끓여주세요.

tip. 무가 푹 익어야 시원한 국물맛을 낼 수 있어요. 국물이 끓어 넘치면 불을 살짝 줄여주세요.

7. 두부와 애호박, 느타리버섯을 넣고 3분간 끓인 후 소금으로 간을 맞춰주세요.

8. 어슷 썬 대파와 홍고추를 넣고 1분간 끓여주세요.

tip. 마지막 단계에서 쑥갓을 넣으면 맛과 비주얼 모두 더 맛있는 동태찌개가 완성됩니다.

두부간장조림

2 week
가을

조리시간
20분

보관기간
냉장 5일

장보기 재료

두부 2/3모

기본재료

- 물 50㎖
- 진간장 2순가락
- 설탕 1순가락
- 다진 마늘 0.3순가락
- 참기름 1순가락
- 전분 1순가락 듬뿍
- 식용유 3순가락
- 올리고당 1순가락
- 깨 1순가락
- 쪽파(또는 대파) 조금

1. 두부 2/3모는 1.5×1.5cm 크기로 깍둑썰기를 한 후 키친타월에 올려 물기를 빼주세요.

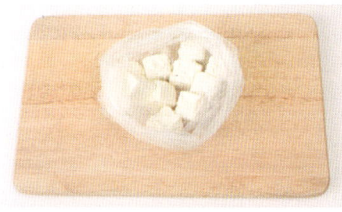

2. 위생백에 전분 1순가락 듬뿍, 깍둑썰기한 두부를 넣고 흔들어가며 골고루 섞어주세요.

3. 프라이팬에 식용유 3순가락을 두르고 달궈지면 약불로 줄여서 두부를 앞, 뒤, 옆면을 골고루 부친 후 키친타월에 올려 식혀주세요.

4. 물 50㎖에 진간장 2순가락, 설탕 1순가락, 다진 마늘 0.3순가락, 참기름 1순가락을 넣고 골고루 섞어 양념장을 만들어주세요.

5. 4의 양념장을 프라이팬에 붓고 끓여주세요.

6. 양념장이 끓으면 구운 두부를 넣고 중불에 섞어가며 조려주세요.

7. 양념이 졸여지면 올리고당 1순가락, 깨 1순가락을 넣고 섞은 후 불을 끕니다.

8. 쪽파(또는 대파 푸른 부분)를 잘게 썰어 뿌리면 더 맛있어 보여요.

애호박느타리버섯볶음

2 week 가을

조리시간 10분

보관기간 냉장 3일

장보기 재료

애호박 2/3개
느타리버섯 150g

기본재료

- 양파 1/2개
- 대파 푸른 부분 1/2대
- 홍고추 1개
- 참기름 2숟가락
- 다진 마늘 0.5숟가락
- 소금 0.5숟가락
- 깨 1숟가락

1. 애호박 2/3개는 길게 반으로 잘라서 씨를 제거해주세요.

2. 애호박을 3mm 두께로 반달썰기를 해주세요.

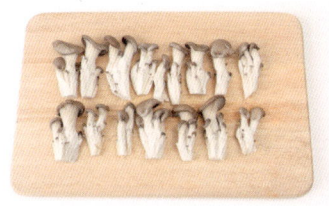

3. 느타리버섯 150g은 2~4가닥으로 찢어주세요.

4. 양파 1/2개는 채 썰고, 홍고추 1개와 대파 푸른 부분 1/2대는 송송 썰어주세요.

5. 팬에 참기름 2숟가락을 두르고 약불에 애호박을 먼저 볶아주세요.

tip. 가열 도구에 따라 약불과 중불 사이로 맞춥니다.

6. 애호박이 노릇해지면 양파와 느타리버섯을 넣고 불 세기를 유지하면서 볶아주세요.

7. 다진 마늘 0.5숟가락, 소금 0.5숟가락, 송송 썬 대파를 넣고 볶아주세요.

8. 송송 썬 홍고추와 깨 1숟가락을 넣고 섞은 후 불을 끕니다.

2 week 가을

콩나물잡채

조리시간 15분

보관기간 냉장 3일

장보기 재료

콩나물 150g
느타리버섯 100g
맛살 2개

기본재료

- 당근 1/3개
- 양파 1/4개
- 대파 1/3대(중간 부분)
- 소금 0.5숟가락
- 식용유 1숟가락
- 다진 마늘 0.3숟가락
- 참기름 1숟가락
- 깨 1숟가락

1. 물에 콩나물 150g을 넣고 끓으면 1분 후 불을 끄고 건져서 식혀주세요.

2. 느타리버섯 100g은 4~6줄기로 찢고, 맛살 2개는 반으로 잘라서 가늘고 길게 찢어주세요.

3. 당근 1/3개, 양파 1/4개는 채 썰어주세요.

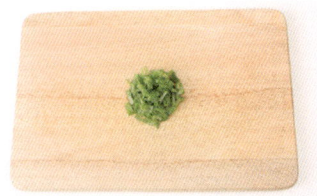

4. 대파 1/3대는 길게 4등분한 후 잘게 썰어주세요.

5. 프라이팬에 식용유 1숟가락을 두르고 다진 마늘 0.3숟가락, 잘게 썬 대파, 채 썬 당근을 센 불에 볶아주세요.

6. 길게 찢은 느타리버섯, 맛살, 채 썬 양파를 넣고 센 불에 볶아주세요.

7. 식힌 콩나물, 소금 0.5숟가락, 참기름 1숟가락을 넣고 골고루 섞어가며 센 불에 볶아주세요.

tip. 조미료를 조금 넣으면 감칠맛을 더욱 살릴 수 있어요.

8. 깨 1숟가락을 뿌려 섞어주세요.

tip. 대파 푸른 부분은 남겨두었다가 마지막에 뿌려주면 더욱 맛있어 보입니다.

2 week
가을

시금치된장무침

조리시간
10분

보관기간
냉장 3일

장보기 재료

시금치 200g

기본재료

- 대파 흰 부분 5cm
- 소금 1숟가락
- 된장 1숟가락
- 고추장 0.5숟가락
- 참기름 1숟가락
- 깨 1숟가락
- 다진 마늘 0.5숟가락

1. 시금치 200g은 물에 여러 번 헹궈 깨끗이 씻어주세요.

tip. 시금치 뿌리를 살짝 잘라내거나 다듬어 4등분하며 손질합니다.

2. 끓는 물에 소금 1숟가락을 넣고 시금치를 30초간 데쳐주세요.

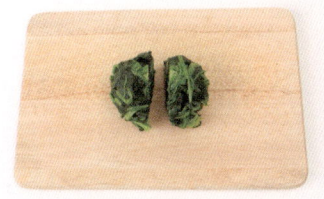

3. 데친 시금치를 찬물에 헹궈 물기를 꽉 짠 후 먹기 좋은 크기로 잘라주세요.

4. 대파 흰 부분 5cm는 길게 4등분한 후 다져주세요.

5. 다진 마늘 0.5숟가락, 다진 파 1숟가락, 된장 1숟가락, 고추장 0.5숟가락, 참기름 1숟가락, 깨 1숟가락을 섞어 양념장을 만들어주세요.

6. 데친 시금치에 양념장을 넣고 골고루 무쳐주세요.

tip. 입맛에 따라 국간장 또는 소금을 조금씩 넣어 간을 맞춰주세요.

FALL THIRD WEEK

가을 3주 : 장보기

재료	수량	가격(원)	요리
소고기(샤부샤부용)	450g	9,800	마라샹궈
			소고기채소말이구이
			불고기
청경채	3대	1,080	마라샹궈
			채소찜
연근	1개	3,480	마라샹궈
			연근들깨무침
			연근초절임
비엔나소시지	100g	1,500	마라샹궈
새송이버섯	2.5개	1,480(4개)	마라샹궈
			채소찜
			불고기
마라소스	1봉지(70㎖)	1,680	마라샹궈
팽이버섯	1봉지	330	소고기채소말이구이
			채소찜
부추	100g	1,980(200g)	소고기채소말이구이
			불고기
애호박	1/5개	1,280(1개)	채소찜
숙주	150g	1,000	
		23,610	

가을 3주 : 메뉴 소개

마라샹궈

혀끝이 매콤하고 얼얼한 마라 소스 볶음 요리를 전문점처럼 집에서도 맛있게 만들 수 있어요.

소고기 채소말이구이

냉장 보관이 가능하지만 맛있어서 금세 사라져요. 손님 초대 요리로도 손색없어요.

채소찜

채소를 찌면 본연의 달큰한 맛이 더욱 살아나고, 기름을 사용하지 않아 다이어트 메뉴로도 좋아요.

연근들깨무침

아삭한 연근과 고소한 소스가 맛있어서 자꾸 젓가락이 가요.

연근초절임

절임류 반찬은 보관 기간이 길고, 재료를 바꾸면 또 다른 절임류 반찬을 만들 수 있어요.

불고기

불고기용 고기를 한꺼번에 많이 양념하고 소분해서 냉동 보관해두면 한 덩이씩 해동해 간단하게 볶아 먹을 수 있어요.

마라샹궈

3 week 가을

⏱ 조리시간
25분

❄ 보관기간
냉장 2일

장보기 재료

소고기(샤부샤부용) 100g
청경채 2대
연근 1/5개(5cm)
비엔나소시지 100g
새송이버섯 1/2개
마라소스 70㎖(1봉지)

기본재료

- 양파 1/4개
- 대파 1/2대
- 감자 1개(작은 것)
- 식용유 2숟가락
- 굴소스 1숟가락
- 다진 마늘 0.5숟가락
- 물 100㎖

1. 감자 1개, 연근 1/5개는 4등분한 후 3mm 두께로 썰어주세요.

tip. 연근의 떫은맛을 없애려면 물 500㎖에 식초 1숟가락을 섞어서 15분간 담근 후 헹궈주세요.

2. 청경채 2대는 밑동만 자르고, 새송이버섯 1/2개는 반으로 자른 후 3mm 두께로 썰어주세요.

3. 양파 1/4개는 채썰기, 대파 1/2대와 비엔나소시지 100g은 송송 썰어주세요.

4. 팬에 식용유 2숟가락을 두르고 송송 썬 대파, 다진 마늘 0.5숟가락, 연근, 감자를 넣고 센 불에 1분 정도 볶아주세요.

5. 소고기 100g, 채 썬 양파, 굴소스 1숟가락을 넣고 센 불에 골고루 볶아주세요.

6. 소고기가 익어가면 새송이버섯과 비엔나소시지를 넣고 볶아주세요.

7. 물 100㎖에 마라소스 70㎖를 골고루 섞어서 붓고 뚜껑을 덮어 끓여주세요.

tip. 마라탕 특유의 혀끝이 얼얼한 맛을 원한다면 시중에 파는 라조장을 취향에 맞게 조절해서 넣어주세요. 라조장에는 얼얼한 맛 산초가 들어 있어 조금만 넣어도 매워요.

8. 소스가 끓으면 청경채를 넣고 뚜껑을 덮어서 청경채 숨이 죽을 정도로 센 불에 약 1분간 살짝 끓여주세요.

3 week
가을

소고기채소말이구이

조리시간
20분

보관기간
냉장 2일

장보기 재료

소고기(샤부샤부용) 150g
팽이버섯 2/3봉지
부추 50g

기본재료

☐ 당근 1/2개
☐ 진간장 1숟가락
☐ 올리고당 1숟가락
☐ 식초 1숟가락
☐ 연겨자 0.5숟가락
☐ 깨 0.3숟가락

1. 팽이버섯 2/3봉지는 밑동을 잘라낸 후 3~5가닥씩 떼어내고, 당근 1/2개는 3mm 두께로 채 썰어주세요.

2. 부추 50g은 5cm 길이로 잘라주세요.

3. 소고기 150g을 세로로 펼쳐서 팽이버섯 5~7줄, 당근채 2~3줄, 부추 3~5줄을 올리고 돌돌 말아주세요.

tip. 끊어진 소고기는 끝을 겹쳐서 말아주면 됩니다.

4. 달군 프라이팬에 소고기말이를 올리고 약불에 천천히 돌려가며 구워주세요.

tip. 소고기말이 끝부분을 먼저 프라이팬 바닥에 놓고 구워야 풀리지 않아요.

5. 진간장 1숟가락, 올리고당 1숟가락, 식초 1숟가락, 연겨자 0.5숟가락, 깨 0.3숟가락을 골고루 섞어서 소스를 만들어주세요.

6. 접시에 소고기채소말이구이를 올리고 소스와 함께 냅니다.

3 week
가을

채소찜

조리시간
20분

보관기간
냉장 2일

장보기 재료

애호박 1/5개
팽이버섯 1/3봉지
새송이버섯 1개
청경채 1대
숙주 150g

기본재료

☐ 당근 1/5개
☐ 멸치액젓 1숟가락
☐ 진간장 1숟가락
☐ 올리고당 1숟가락
☐ 연겨자 0.5숟가락
☐ 물 500㎖

1. 애호박 1/5개, 당근 1/5개는 3mm 두께로 반달썰기를 해주세요.

2. 새송이버섯 1개는 밑동을 잘라내고 길게 반으로 자른 다음 세로로 3mm 두께로 썰어주세요.

3. 팽이버섯 1/3봉지는 밑동을 잘라내고 5~10가닥씩 떼어주세요.

4. 청경채 1대는 밑동을 잘라주세요.

5. 찜기에 숙주 150g을 펼치고, 손질한 청경채, 새송이버섯, 당근, 애호박, 팽이버섯을 올려주세요.

6. 물 500㎖에 멸치액젓 1숟가락을 넣고 끓으면 찜기를 올려서 채소를 10분간 쪄주세요.

7. 진간장 1숟가락, 올리고당 1숟가락, 연겨자 0.5숟가락을 섞어서 소스를 만들어주세요.

연근들깨무침

3 week 가을

조리시간: 20분
보관기간: 냉장 5일

장보기 재료

연근 2/5개

기본재료

- 식초 1.5숟가락
- 소금 0.7숟가락
- 들깻가루 1숟가락
- 들기름 1숟가락
- 플레인요구르트 1숟가락
- 마요네즈 0.5숟가락
- 올리고당 1숟가락
- 검은깨 0.5숟가락

1. 연근 2/5개는 껍질을 벗기고 3mm 두께로 동그랗게 썰어주세요.

2. 물에 식초 1숟가락을 섞어서 연근을 10분간 담갔다 헹궈주세요.

tip. 연근의 떫은맛을 제거하는 과정이에요.

3. 끓는 물에 소금 0.5숟가락을 넣고 연근을 5분간 삶은 후 건져서 물기를 빼주세요.

4. 들깻가루 1숟가락, 들기름 1숟가락, 플레인요구르트 1숟가락, 마요네즈 0.5숟가락, 올리고당 1숟가락, 소금 0.2숟가락, 식초 0.5숟가락을 골고루 섞어 양념장을 만들어주세요.

5. 삶은 연근에 4의 양념을 골고루 버무려주세요.

6. 검은깨 0.5숟가락을 뿌려주세요.

연근초절임

3 week
가을

조리시간
25분

보관기간
냉장 1달

장보기 재료

연근 2/5개

기본재료

- 양조식초 1숟가락 + 50㎖
- 소금 0.8숟가락
- 설탕 3숟가락
- 물 50㎖

1. 연근 2/5개는 껍질을 벗기고 길게 절반을 잘라서 3mm 두께로 반달썰기를 해주세요.

2. 물에 식초 1숟가락을 섞어서 연근을 10분간 담갔다 헹궈주세요.

3. 끓는 물에 소금 0.5숟가락을 넣고 연근을 5분간 삶은 후 건져서 물기를 빼주세요.

4. 강화유리 반찬통에 삶은 연근을 넣어주세요.

5. 물 50㎖에 양조식초 50㎖, 설탕 3숟가락, 소금 0.3숟가락을 넣고 식초물을 끓여주세요.

6. 연근에 5의 식초물을 넣고 한 김 식혀주세요.

7. 뚜껑을 덮어서 실온에 하루 정도 두었다가 냉장 보관합니다.

불고기

3 week 가을

- 조리시간: 25분
- 보관기간: 냉장 3일

장보기 재료

소고기(샤부샤부용) 200g
새송이버섯 1개
부추 50g

기본재료

- 양파 1/4개
- 당근 1/3개
- 대파 1/2대
- 진간장 4숟가락
- 올리고당 1숟가락
- 참기름 1숟가락
- 다진 마늘 0.5숟가락
- 후춧가루 조금

1. 새송이버섯 1개는 밑동을 잘라내고 반으로 자른 후 3mm 두께로 길게 썰어주세요.

2. 부추 50g은 5cm 길이로 잘라주세요.

3. 양파 1/4개는 5mm 두께로 썰고, 당근 1/3개는 가늘게 채 썰고, 대파 1/2대는 송송 썰어주세요.

4. 진간장 4숟가락, 올리고당 1숟가락, 참기름 1숟가락, 다진 마늘 0.5숟가락, 후춧가루를 골고루 섞어서 양념장을 만들어주세요.

5. 소고기, 채 썬 양파, 당근에 양념장을 넣고 골고루 버무려주세요.

6. 중불에 양념한 5를 볶아주세요.

7. 소고기가 익으면 손질한 새송이버섯, 송송 썬 대파, 부추를 올리고 중불을 유지한 채 뚜껑을 덮어서 살짝 익혀주세요.

FALL FOURTH WEEK

가을 4주 : 장보기

재료	수량	가격(원)	요리
소고기(국거리)	100g	2,780	소고기된장찌개
소고기(샤부샤부용)	200g	5,500	초고추장비빔고기
애호박	1개	1,280	소고기된장찌개
			애호박무침
새송이버섯	3.5개	1,480(4개)	소고기된장찌개
			새송이조림
감자	1/2개	900(1개)	소고기된장찌개
두부	1모	1,000	소고기된장찌개
			두부두루치기
삼치	100g	6,480(480g)	삼치간장조림
		19,420	

가을 4주 : 메뉴 소개

소고기된장찌개
소고기 넣은 된장찌개는 밥도둑이에요. 밥솥에 밥이 충분한지 꼭 확인하세요.

두부두루치기
두부조림보다 간단하게 만들 수 있고, 국물 요리로도 대체할 수 있는 메뉴예요.

애호박무침
절이지 않고 채 썬 애호박을 볶으면 으깨질 수 있어요. 소면이나 밥에 넣고 비벼 먹어도 맛있어요.

새송이조림
쫄깃쫄깃하고 단짠단짠해 자꾸 젓가락이 가는 맛이에요.

초고추장 비빔고기
숟가락으로 눌러 바삭하게 구운 고기를 새콤매콤한 양념에 비벼 먹으면 엄지척! 채 썬 양배추를 곁들이면 더 맛있어요.

삼치간장조림
삼치는 소금을 살짝만 뿌려서 구워도 맛있지만 간장조림도 맛있어요. 어른 아이 모두 좋아하는 맛이에요.

4 week 가을

소고기된장찌개

조리시간
20분

보관기간
냉장 3일

장보기 재료

소고기(국거리) 100g
애호박 1/3개
새송이버섯 1개
감자 1/2개
두부 1/3모

기본재료

☐ 양파 1/4개
☐ 청양고추 1개
☐ 홍고추 1개
☐ 대파 1/3대
☐ 국물용 멸치 1줌
☐ 물 600㎖
☐ 된장 1.5~2숟가락
☐ 고춧가루 1숟가락
☐ 다진 마늘 0.5숟가락

1. 애호박 1/3개, 새송이버섯 1개, 감자 1/2개, 양파 1/4개는 가로세로 4등분한 후 3mm 두께로 썰어주세요.

2. 청양고추 1개, 홍고추 1개, 대파 1/3대는 어슷썰기를 해주세요.

3. 두부 1/3모는 가로세로 4등분한 후 5mm 두께로 썰어주세요.

4. 물 600㎖에 된장 1.5~2숟가락을 풀어주세요.

5. 손질한 양파, 감자, 국물용 멸치 1줌을 넣고 끓여주세요.

tip. 육수팩 또는 스테인리스 육수망에 국물용 멸치를 넣어서 끓이면 편하고 깔끔하게 육수를 만들 수 있어요.

6. 된장 육수가 끓으면 소고기 100g, 애호박, 새송이버섯, 어슷 썬 청양고추와 홍고추를 넣고 다시 끓으면 고춧가루 1숟가락과 두부를 넣어주세요.

tip. 더욱 얼큰한 맛을 원한다면 고춧가루를 입맛에 맞게 추가해주세요.

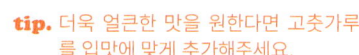

7. 된장찌개가 한 번 더 끓으면 다진 마늘 0.5숟가락, 어슷 썬 대파를 넣고 한 번 더 끓여주세요.

tip. 불 세기를 줄이고 뭉근히 더 오래 끓이면 깊고 진한 맛이 납니다. 다진 마늘을 처음부터 넣으면 육수가 끓어 넘칠 수 있으니 맨 마지막에 넣어주세요.

4 week
가을

두부두루치기

조리시간
25분

보관기간
냉장 3일

장보기 재료

두부 2/3모

기본재료

- 양파 1/2개
- 당근 1/4개
- 대파 푸른 부분 15cm
- 청양고추 1~2개
- 다진 마늘 1숟가락
- 진간장 2숟가락
- 멸치액젓 2숟가락
- 설탕 1숟가락
- 고춧가루 1숟가락
- 고추장 0.5숟가락
- 물 100㎖

1. 양파 1/2개는 5mm 두께, 당근 1/4개는 가늘게(1~2mm) 채 썰고, 대파 푸른 부분 15cm와 청양고추 1~2개는 어슷썰기를 해주세요.

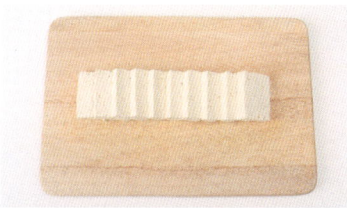

2. 두부 2/3모는 반으로 잘라 5mm 두께로 썰어주세요.

3. 물 100㎖에 다진 마늘 1숟가락, 진간장 2숟가락, 멸치액젓 2숟가락, 설탕 1숟가락, 고춧가루 1숟가락, 고추장 0.5숟가락을 섞어 양념장을 만들어주세요.

4. 냄비에 채 썬 양파를 먼저 깔고, 두부는 가장자리에, 채 썬 당근은 가운데 올려주세요.

5. 두부 위에 양념장을 골고루 뿌려서 뚜껑을 덮고 끓여주세요.

6. 양념이 끓으면 중불로 줄이고, 어슷 썬 대파와 청양고추를 넣고 1분간 더 끓여주세요.

tip. 두부 가운데 소고기 또는 돼지고기를 넣고 끓이면 더 맛있는 두부두루치기가 됩니다.

4 week
가을

애호박무침

조리시간
20분

보관기간
냉장 5일

장보기 재료

애호박 2/3개

....

기본재료

- 대파 흰 부분 10cm
- 홍고추 1개
- 소금 0.3숟가락
- 참기름 2숟가락
- 다진 마늘 0.3숟가락
- 깨 0.5숟가락

1. 애호박 2/3개는 어슷썰기를 해서 가늘게 채 썰어주세요.

2. 채 썬 애호박에 소금 0.3숟가락을 버무려 10분간 절여주세요.

3. 대파 흰 부분 10cm는 길게 4등분한 후 잘게 썰고, 홍고추 1개는 송송 썰어주세요.

4. 절인 애호박이 으깨지지 않게 살짝 쥐어 물기를 짜주세요.

5. 팬에 참기름 2숟가락을 두르고 다진 마늘 0.3숟가락, 잘게 썬 대파를 약불에 볶아주세요.

6. 물기 뺀 애호박을 넣고 30초간 볶은 후 소금으로 간을 맞춰주세요.

7. 송송 썬 홍고추와 깨 0.5숟가락을 넣어주세요.

4 week
가을

새송이조림

조리시간
15분

보관기간
냉장 5일

장보기 재료

새송이버섯 2.5개

기본재료

- 진간장 2숟가락
- 굴소스 0.5숟가락
- 설탕 1숟가락
- 다진 마늘 0.5숟가락
- 올리고당 1숟가락
- 쪽파(또는 대파 푸른 부분) 조금
- 물 50㎖

1. 새송이버섯 2.5개는 밑동을 잘라내고 길게 반으로 자른 후 세로로 2mm 두께로 썰어주세요.

2. 쪽파는 송송 썰어주세요. 대파를 사용할 경우 푸른 부분을 길게 4등분해서 잘게 썰어주세요.

3. 물 50㎖에 진간장 2숟가락, 굴소스 0.5숟가락, 설탕 1숟가락, 다진 마늘 0.5숟가락을 섞어서 양념장을 만들어주세요.

4. 마른 팬을 중불에 올리고 새송이버섯을 2분간 노릇노릇 말랑말랑하게 볶아주세요.

5. 3의 간장 양념을 넣고 골고루 섞어가며 약불에 자작자작하게 조려주세요.

6. 올리고당 1숟가락을 넣고 골고루 섞어주세요.

7. 잘게 썬 쪽파(또는 대파 푸른 부분)를 뿌려주세요.

4 week

가을

초고추장비빔고기

조리시간
15분

보관기간
냉장 3일

장보기 재료

소고기(샤부샤부용) 200g

기본재료

- 대파 흰 부분 1/2대
- 당근 1/2개
- 허브솔트(또는 소금) 0.3숟가락
- 올리브유 1숟가락
- 고추장 1숟가락
- 고춧가루 0.3숟가락
- 식초 2숟가락
- 매실액 1숟가락
- 다진 마늘 0.3숟가락
- 올리고당 1숟가락
- 깨 0.5숟가락

1. 소고기 200g에 올리브유 1숟가락, 허브솔트(또는 소금) 0.3숟가락을 골고루 버무려서 밑간을 해주세요.

2. 대파 흰 부분 1/2대는 얇게 어슷썰기를 해주세요.

3. 당근 1/2개는 채 썰어주세요.

4. 고추장 1숟가락, 고춧가루 0.3숟가락, 식초 2숟가락, 매실액 1숟가락, 다진 마늘 0.3숟가락, 올리고당 1숟가락, 깨 0.5숟가락을 골고루 섞어 비빔장을 만들어주세요.

5. 밑간한 소고기를 중불에 구워주세요. 숟가락으로 꾹꾹 눌러 숯불구이 효과를 내주세요.

6. 구운 소고기를 접시에 담고 비빔장 1~2숟가락을 골고루 뿌려주세요.

7. 채 썬 당근과 어슷 썬 대파를 올려주세요.

tip. 밥 또는 소면과 함께 고기덮밥, 고기비빔국수를 만들어 먹을 수 있어요.

4 week
가을

삼치간장조림

조리시간
25분

보관기간
냉장 2일

장보기 재료

삼치 100g

기본재료

- 대파 1/3대
- 청양고추 1/2개
- 홍고추 1/2개
- 양파 1/4개
- 진간장 3숟가락
- 맛술 1숟가락
- 다진 마늘 0.3숟가락
- 올리고당 1숟가락
- 참기름 1숟가락
- 물 50㎖

1. 대파 1/3대, 청양고추 1/2개, 홍고추 1/2개는 송송 썰어주세요.

2. 양파 1/4개는 5mm 두께로 채 썰어주세요.

3. 깨끗이 씻은 삼치 100g을 2~3등분한 후 X 자 모양으로 칼집을 넣어주세요.

4. 물 50㎖에 진간장 3숟가락, 맛술 1숟가락, 다진 마늘 0.3숟가락, 올리고당 1숟가락을 섞어 양념장을 만들어주세요.

tip. 다진 생강 또는 생강가루를 0.1숟가락 넣으면 더 맛있어요.

5. 냄비에 채 썬 양파를 먼저 깔고 삼치를 올린 후 양념장을 붓고 센 불에 끓여주세요.

6. 양념이 끓으면 중불로 줄여서 송송 썬 청양고추를 올리고 7~8분 조려주세요.

7. 송송 썬 홍고추와 대파를 넣어주세요.

8. 참기름 1숟가락을 뿌리면 더욱 고소한 삼치간장조림이 완성됩니다.

2만원으로 일주일 집밥 만들기

Part 4

겨울엔 역시 뜨끈한 국물 요리가 생각나죠.
청국장찌개, 콩비지찌개, 바지락찜, 애호박찌개 등
추위에 얼어붙은 속을 따뜻하게 녹여줄 메뉴로 집밥을 차려보세요.

WINNTER FIRST WEEK

겨울 1주 : 장보기

재료	수량	가격(원)	요리
파래	1덩이	900	파래무침
무	1개	1,250	파래무침
			코다리조림
두부	1모	1,000	마파두부
			연근돼지고기전
간 돼지고기	350g	3,000	마파두부
			연근돼지고기전
			콩비지찌개
연근	250g	2,510	마파두부
			연근돼지고기전
			표고버섯연근조림
표고버섯	120g	2,980	표고버섯연근조림
			콩비지찌개
코다리	2마리	4,980	코다리조림
콩비지	320g	2,200	콩비지찌개
		18,820	

겨울 1주 : 메뉴 소개

파래무침

새콤 향긋한 맛의 파래무침은 없던 기운도 찾아주는 맛이에요.

마파두부

아삭한 연근과 부드러운 두부가 마파소스를 만나 중독되지 않을 수 없어요.

연근돼지고기전

아삭한 연근 위에 고기를 올려 입맛을 사로잡는 반찬. 손님 초대 요리, 명절 요리로도 인기 최고예요.

표고버섯 연근조림

연근의 아삭함과 표고버섯의 쫄깃함에 단짠단짠의 매력까지 더했어요. 최고의 도시락 반찬이기도 해요.

코다리조림

코다리도 맛있지만 달달한 무 조림에 양념까지 하나도 남김없이 먹게 돼요.

콩비지찌개

콩비지의 고소하고 부드러운 맛에 한 번 반하고 신김치와 돼지고기 맛에 또 한 번 반하는 맛!

파래무침

1 week 겨울

조리시간
15분

보관기간
냉장 5일

204

장보기 재료

파래 1덩이
무 5cm

기본재료

☐ 홍고추 1개
☐ 대파 흰 부분 10cm
☐ 소금 0.5숟가락
☐ 설탕 1숟가락
☐ 2배식초 3숟가락
☐ 국간장 1숟가락
☐ 멸치액젓 1숟가락
☐ 다진 마늘 0.3숟가락

1. 무 5cm를 세로로 잘라 2mm 두께로 길게 채 썰어주세요.

2. 채 썬 무에 소금 0.5숟가락을 골고루 섞어서 10분간 절인 후 찬물에 헹궈 물기를 꽉 짜주세요.

3. 파래 1덩이를 찬물에 담가 손으로 박박 문질러 씻어서 3~4회 헹구고 물기를 꽉 짜주세요.

4. 대파 흰 부분 10cm를 길게 4등분해서 다지고, 홍고추 1개는 어슷썰기를 해주세요.

5. 절인 무채에 설탕 1숟가락, 2배식초 3숟가락, 국간장 1숟가락, 멸치액젓 1숟가락, 다진 마늘 0.3숟가락을 넣고 조물조물 무쳐주세요.

6. 양념한 무채에 파래, 다진 대파, 어슷 썬 홍고추를 넣고 골고루 섞어주세요.

tip. 개인의 입맛에 따라 설탕과 식초를 추가해주세요.

1 week
겨울

마파두부

조리시간
25분

보관기간
냉장 3일

장보기 재료

두부 2/3모
간 돼지고기 150g
연근 3cm

기본재료

- 당근 1/3개
- 양파 1/4개
- 대파 1/2대
- 식초 1숟가락
- 식용유 2숟가락
- 소금 0.1숟가락
- 다진 마늘 0.5숟가락
- 물 400㎖+2숟가락
- 진간장 1숟가락
- 맛술 1숟가락
- 두반장 1.5숟가락
- 굴소스 1숟가락
- 감자전분 1숟가락

1. 당근 1/3개, 양파 1/4개는 5mm 두께로 썰고, 대파 1/2대는 길게 4등분해서 5mm 두께로 썰어주세요.

2. 두부 2/3모는 1.5×1.5cm 크기로 깍둑썰기를 해주세요.

3. 연근 3cm는 길게 3등분한 후 1.5×1.5cm 크기로 깍둑썰기를 해주세요.

4. 끓는 물에 식초 1숟가락을 넣고 깍둑썰기한 연근을 1분간 데친 후 물기를 빼주세요.

tip. 연근의 떫은맛을 제거하는 과정이에요.

5. 팬에 식용유 2숟가락을 두르고 데친 연근, 대파, 다진 마늘 0.5숟가락을 센 불에 1분가량 볶아주세요.

6. 당근, 양파, 간 돼지고기 150g을 넣고 소금 0.1숟가락을 뿌려서 돼지고기가 살짝 익을 정도로 볶아주세요.

7. 물 400㎖에 진간장 1숟가락, 맛술 1숟가락, 두반장 1.5숟가락, 굴소스 1숟가락, 깍둑썰기한 두부를 넣고 끓여주세요.

8. 7이 끓으면 물 2숟가락, 감자전분 1숟가락을 섞은 전분물을 넣고 걸죽해지도록 끓여주세요.

tip. 냉동 완두콩을 넣으면 더 맛있어 보여요.

연근돼지고기전

1 week 겨울

조리시간 20분
보관기간 냉장 3일

장보기 재료

연근 5cm
간 돼지고기 100g
두부 1/3모

기본재료

- 양파 1/10개
- 대파 1/10대
- 당근 1/10개
- 식초 1숟가락
- 다진 마늘 0.5숟가락
- 소금 1.3숟가락
- 달걀 1개
- 부침가루 2숟가락
- 식용유 3숟가락

1. 연근 5cm를 5mm 두께로 동그랗게 썰어서 소금 1숟가락을 넣은 물이 끓으면 식초 1숟가락을 넣고 1분간 데쳐서 물기를 빼주세요.

2. 양파 1/10개, 대파 1/10대, 당근 1/10개는 잘게 다져주세요.

3. 간 돼지고기 100g과 두부 1/3모에 다진 양파, 대파, 당근, 다진 마늘 0.5숟가락, 소금 0.3숟가락을 넣고 조물조물 골고루 섞어주세요.

4. 연근에 양념한 돼지고기를 올리고 꾹꾹 눌러 구멍을 채워주세요.

5. 돼지고기를 채운 연근은 앞뒤로 부침가루를 얇게 묻히고 달걀 1개를 풀어서 달걀물을 묻혀주세요.

6. 프라이팬에 식용유 3숟가락을 두르고 약불에 연근을 앞뒤로 부쳐주세요.

tip. 약불에 천천히 구워야 노릇노릇 예쁘게 구워져요. 남은 돼지고기두부 반죽은 동그랑땡을 부쳐주세요.

표고버섯연근조림

1 week 겨울

조리시간 20분

보관기간 냉장 7일

장보기 재료

연근 10cm
표고버섯 4개

....

기본재료

☐ 식초 1숟가락
☐ 물 80㎖
☐ 진간장 40㎖
☐ 물엿 50㎖
☐ 맛술 2숟가락
☐ 다진 마늘 0.5숟가락
☐ 깨 1숟가락

1. 연근 10cm를 5mm 두께로 동그랗게 썰어서 다시 절반으로 썰어주세요.

2. 식초 1숟가락을 섞은 물에 자른 연근을 10분간 담갔다가 헹궈주세요.

3. 표고버섯 4개는 밑동을 떼어낸 후 머리는 4등분으로 자르고, 기둥은 길게 반으로 잘라주세요.

4. 물 80㎖, 진간장 40㎖, 물엿 50㎖, 맛술 2숟가락을 섞어서 연근을 넣고 끓으면 약불에 10분간 조려주세요.

5. 표고버섯, 다진 마늘 0.5숟가락을 넣고 골고루 섞어가며 4~5분간 조려주세요.

6. 깨 1숟가락을 뿌려주세요.

코다리조림

1 week 겨울

조리시간 30분

보관기간 냉장 3일

장보기 재료

코다리 2마리
무 7.5cm

기본재료

- 양파 1/2개
- 대파 1대
- 청양고추 1개
- 홍고추 1개
- 물 200㎖
- 고춧가루 2숟가락
- 고추장 0.5숟가락
- 진간장 5숟가락
- 맛술 1숟가락
- 멸치액젓 2숟가락
- 다진 마늘 1숟가락
- 물엿 2숟가락
- 설탕 1숟가락
- 참기름 1숟가락

1. 코다리 2마리는 지느러미를 제거하고, 흐르는 물에 깨끗이 씻어주세요.

2. 대파 1대, 청양고추 1개, 홍고추 1개는 어슷썰기, 양파 1/2개는 채썰기를 해주세요.

3. 무 7.5cm는 길게 4등분하고 1cm 두께로 썰어주세요.

4. 물 200㎖, 고춧가루 2숟가락, 고추장 0.5숟가락, 진간장 5숟가락, 맛술 1숟가락, 멸치액젓 2숟가락, 다진 마늘 2숟가락, 물엿 2숟가락, 설탕 1숟가락, 참기름 1숟가락을 골고루 섞어서 양념장을 만들어주세요.

5. 냄비에 무를 먼저 깔고 코다리와 채 썬 양파, 어슷 썬 대파 흰 부분, 청양고추를 올린 다음 양념장을 골고루 뿌려서 뚜껑을 덮고 센 불에 끓여주세요.

6. 양념이 끓으면 숟가락으로 양념을 골고루 뿌려주세요.

7. 뚜껑을 살짝 열어 수분이 날아가도록 중불에서 10~15분간 조려주세요.

tip. 무가 푹 익을 정도로 조려야 달콤하고 부드러워요.

8. 어슷 썬 대파 푸른 부분과 홍고추를 넣고 1분간 조려주세요.

콩비지찌개

1 week 겨울

조리시간: 20분
보관기간: 냉장 3일

장보기 재료

콩비지 320g
간 돼지고기 100g
표고버섯 2개

기본재료

- 신김치 150g
- 김칫국물 2~3숟가락
- 대파 흰 부분 1/2대
- 청양고추 1개
- 다진 마늘 0.5숟가락
- 식용유 1숟가락
- 고춧가루 1숟가락
- 물 200㎖
- 소금 조금

1. 대파 흰 부분 1/2대, 청양고추 1개는 어슷썰기를 해주세요.

2. 표고버섯 2개는 기둥을 떼어내고 3mm 두께로 편 썰어주세요.

3. 신김치 150g은 1.5×1.5cm 크기로 썰어주세요.

4. 냄비에 식용유 1숟가락을 두르고 다진 마늘 0.5숟가락, 신김치, 간 돼지고기 100g을 센 불에 볶아주세요.

5. 돼지고기가 익으면 고춧가루 1숟가락을 넣고 섞으면서 볶아주세요.

6. 물 200㎖, 김칫국물 2~3숟가락, 어슷 썬 청양고추, 콩비지 320g을 넣고 끓여주세요.

7. 찌개가 끓으면 편 썬 표고버섯, 어슷 썬 대파를 넣고 끓여주세요.

8. 소금으로 간을 맞춰주세요.

WINTER SECOND WEEK

겨울 2주 : 장보기

재료	수량	가격(원)	요리
애호박	1개	1,280	청국장찌개
			애호박전
			애호박찌개
두부	1모	1,000	청국장찌개
			톳두부무침
			애호박찌개
표고버섯	2개	1,000	청국장찌개
청국장	150g	1,930(250g)	청국장찌개
톳	200g	2,280	톳두부무침
조기	5마리(작은 것)	4,980	조기조림
낙지	300g	8,980	낙지볶음
간 돼지고기	50g	1,000(100g)	애호박찌개
		22,450	

겨울 2주 : 메뉴 소개

청국장찌개

탱글탱글 콩이 들어 있는 청국장에 신김치를 더해 더욱 깊은 맛을 냅니다. 꼬릿한 냄새마저 맛있게 느껴져요.

톳두부무침

부드러운 두부 속에 오독오독 씹히는 톳을 느껴보세요. 맨입에도 자꾸 먹게 되는 맛이에요.

조기조림

기름에 튀기지 않아서 더욱 깔끔하고 양념이 배어들어 더욱 부드럽고 맛있어요.

애호박전

밥상을 화사하게 만드는 요리예요. 명절, 손님 초대 요리 외에 도시락 반찬으로도 훌륭합니다.

낙지볶음

쫄깃한 낙지가 매콤달콤한 양념과 어우러져 밥 두 그릇은 뚝딱하는 맛.

애호박찌개

소화가 안 되는 날에도 시원하게 먹을 수 있는 애호박찌개는 숨은 밥도둑이에요.

청국장찌개

2 week
겨울

⏱ 조리시간
25분

❄ 보관기간
냉장 3일

장보기 재료

애호박 1/4개
두부 1/3모
표고버섯 2개
청국장 150g

기본재료

☐ 양파 1/2개
☐ 대파 흰 부분 1/2대
☐ 청양고추 1개
☐ 홍고추 1개
☐ 신김치 50g
☐ 물 600㎖
☐ 식용유 1숟가락
☐ 고춧가루 1숟가락
☐ 국물용 멸치 5마리
☐ 김칫국물 1국자
☐ 다진 마늘 1숟가락
☐ 멸치액젓 1숟가락

1. 애호박 1/4개, 양파 1/2개는 4등분한 후 5mm 두께로 썰고, 대파 흰 부분 1/2대, 청양고추 1개, 홍고추 1개는 어슷썰기를 해주세요.

2. 두부 1/3모는 반으로 잘라 5mm 두께로 썰고, 표고버섯 2개는 기둥을 떼어내 길게 반으로 자르고 머리는 5mm 두께로 편 썰어주세요.

3. 신김치 50g은 잘게 썰어주세요.

tip. 시큼하게 익은 깍두기를 넣어도 맛있어요.

4. 물 100㎖에 청국장 150g을 풀어주세요.

5. 냄비에 식용유 1숟가락을 두르고 신김치, 고춧가루 1숟가락을 넣고 볶아주세요.

6. 물 500㎖, 국물용 멸치 5마리, 김칫국물 1국자, 채 썬 양파를 넣고 끓여주세요.

tip. 다시마, 육수팩을 사용하면 육수를 깔끔하게 만들 수 있어요.

7. 국물이 끓으면 애호박, 표고버섯, 어슷 썬 청양고추, 다진 마늘 1숟가락, 멸치액젓 1숟가락을 넣어주세요.

8. 국물이 다시 끓으면 4의 청국장과 두부, 어슷 썬 대파, 홍고추를 넣고 1분간 더 끓여주세요.

tip. 청국장 냄새가 집 안에 퍼질 수 있으니 방문을 꼭 닫고 조리하세요.

톳두부무침

2 week 겨울

⏱ 조리시간
15분

❄ 보관기간
냉장 3일

장보기 재료

톳 200g

두부 1/3모

기본재료

☐ 소금 0.8숟가락

☐ 참기름 1숟가락

☐ 다진 마늘 0.3숟가락

☐ 깨 1숟가락

1. 끓는 물에 소금 0.5숟가락을 넣어 두부 1/3모를 1분간 데치고 물기를 빼주세요.

2. 톳 200g을 깨끗이 씻어서 끓는 물에 넣고 초록색으로 변할 때까지 데쳐주세요.

3. 데친 톳을 찬물에 헹궈 물기를 빼고 3cm 길이로 잘라주세요.

4. 데친 두부를 손으로 주물러 으깨주세요.

5. 으깬 두부에 소금 0.3숟가락, 참기름 1숟가락, 다진 마늘 0.3숟가락을 넣고 골고루 섞어주세요.

6. 자른 톳을 넣고 두부와 골고루 섞어주세요.

tip. 손으로 섞어야 골고루 섞여요.

7. 깨 1숟가락을 넣고 섞어주세요.

tip. 두부를 더 넣으면 더욱 부드럽고 오독오독한 식감을 살릴 수 있어요.

조기조림

2 week
겨울

조리시간
25분

보관기간
냉장 2일

장보기 재료

조기 5마리(작은 것)

기본재료

- 양파 1/2개
- 대파 1/3대
- 청양고추 1개
- 홍고추 1개
- 물 100㎖
- 진간장 2숟가락
- 고춧가루 1.5숟가락
- 다진 마늘 1숟가락
- 다진 생강 0.3숟가락
- 맛술 1숟가락

1. 조기 5마리는 지느러미를 잘라내고 칼을 세워 꼬리에서 머리 방향으로 비늘을 긁어낸 후 깨끗이 씻어주세요.

tip. 등, 배, 꼬리, 아가미, 지느러미 모두 제거해주세요.

2. 양파 1/2개는 채 썰어주세요.

3. 대파 1/3대, 청양고추 1개, 홍고추 1개는 송송 썰어주세요.

4. 물 100㎖, 진간장 2숟가락, 고춧가루 1.5숟가락, 다진 마늘 1숟가락, 다진 생강 0.3숟가락, 맛술 1숟가락을 골고루 섞어 양념장을 만들어주세요.

5. 냄비에 채 썬 양파를 먼저 깔고 조기를 올린 후 양념장을 골고루 뿌리고 송송 썬 청양고추를 올려 센 불에 끓여주세요.

6. 양념이 끓으면 숟가락으로 떠서 골고루 뿌린 후 송송 썬 대파와 홍고추를 넣고 약불에서 국물이 자박자박할 때까지 3~5분 정도 조려주세요.

tip. 대파와 홍고추는 오래 익힐수록 제 색깔이 어두워져요. 조금 남겨두었다 불 끄기 직전에 넣으면 제 색을 유지할 수 있어요.

애호박전

2 week
겨울

조리시간
20분

보관기간
냉장 3일

장보기 재료

애호박 1/2개

....

기본재료

☐ 홍고추 1개
☐ 부침가루(또는 밀가루)
  1숟가락 듬뿍
☐ 달걀 1개
☐ 소금 조금
☐ 식용유 3~5숟가락

1. 애호박 1/2개는 5mm 두께로 동그랗게 썰고, 홍고추 1개는 어슷썰기를 해주세요.

2. 도마 위에 애호박을 펼치고 소금을 조금 뿌려서 10분간 둡니다. 애호박에 송글송글 물기가 생기면 키친타월로 닦아주세요.

3. 달걀 1개를 풀어주세요.

4. 애호박에 부침가루(또는 밀가루)를 얇게 묻히고 달걀물을 입혀주세요.

tip. 위생백에 애호박과 부침가루 1숟가락 듬뿍 넣고 풍선처럼 부풀려서 흔들면 빠르고 쉽게 묻힐 수 있어요.

5. 프라이팬에 식용유 3숟가락을 두르고 약불에서 애호박을 천천히 부쳐주세요.

6. 밑면이 익고 애호박이 노릇노릇해지면 어슷 썬 홍고추 1조각씩 올린 후 뒤집어서 부쳐주세요.

tip. 프라이팬의 기름이 마르면 식용유 2숟가락을 더 둘러주세요.

7. 애호박전을 키친타월에 올려 살짝 식혀주세요.

tip. 애호박전은 밀가루를 최대한 얇게 입히고 최대한 약불에 부쳐야 갈색으로 변하지 않고 노릇노릇 예쁘게 부칠 수 있어요.

낙지볶음

2 week 겨울

- 조리시간: 25분
- 보관기간: 냉장 2일

장보기 재료

낙지 300g

기본재료

- 양파 1/2개
- 당근 1/3개
- 청양고추 1개
- 대파 흰 부분 10cm
- 맛술 1숟가락
- 진간장 2숟가락
- 고추장 1숟가락
- 고춧가루 2숟가락
- 다진 마늘 0.5숟가락
- 설탕 1숟가락
- 참기름 1숟가락
- 식용유 3숟가락
- 올리고당 1숟가락
- 깨 1숟가락

1. 낙지 300g은 대가리 속의 내장을 제거하고 깨끗이 씻어서 끓는 물에 맛술 1숟가락을 넣고 1분간 데친 후 건져서 식혀주세요.

2. 양파 1/2개는 5mm 두께로 채 썰고, 당근 1/3개는 3mm 두께로 반달썰기를 해주세요.

3. 청양고추 1개, 대파 흰 부분 10cm는 어슷썰기를 해주세요.

4. 데친 낙지가 식으면 5cm 길이로 잘라주세요.

5. 진간장 2숟가락, 고추장 1숟가락, 고춧가루 2숟가락, 다진 마늘 0.5숟가락, 설탕 1숟가락, 참기름 1숟가락을 골고루 섞어서 양념장을 만들어주세요.

tip. 단맛을 좋아하지 않는다면 설탕을 생략해도 됩니다.

6. 팬에 식용유 3숟가락을 두르고 당근, 어슷 썬 대파, 청양고추를 센 불에 볶아주세요.

7. 데친 낙지, 채 썬 양파, 양념장을 넣고 볶아주세요.

tip. 낙지를 미리 데쳐서 오래 볶지 않아도 돼요. 오래 볶으면 물기가 많이 생기고 낙지가 질겨지니 양념이 골고루 섞일 정도로 센 불에 볶아주세요.

8. 올리고당 1숟가락, 깨 1숟가락을 넣고 섞은 후 불을 꺼주세요.

애호박찌개

2 week 겨울

조리시간 20분
보관기간 냉장 3일

장보기 재료

애호박 1/4개
두부 1/3모
간 돼지고기 50g

기본재료

□ 양파 1/2개
□ 청양고추 1개
□ 홍고추 1개
□ 대파 10cm
□ 물 500㎖
□ 새우젓 0.5숟가락
□ 멸치액젓 1숟가락
□ 다진 마늘 0.5숟가락
□ 참기름 1숟가락

1. 애호박 1/4개는 3mm 두께로 반달썰기를 해주세요.

2. 두부 1/3모는 2×3cm 크기로 썰어주세요.

3. 양파 1/2개는 3mm 두께로 채 썰고, 청양고추 1개, 홍고추 1개, 대파 10cm는 어슷썰기를 해주세요.

4. 냄비에 참기름 1숟가락을 두르고 간 돼지고기 50g, 채 썬 양파를 약불에 살짝 볶아주세요.

tip. 간 돼지고기 1숟가락 정도가 50g이에요.

5. 애호박, 물 500㎖, 멸치액젓 1숟가락을 넣고 끓여주세요.

6. 국물이 끓으면 어슷 썬 청양고추, 새우젓 0.5숟가락, 다진 마늘 0.5숟가락을 넣고 끓여주세요.

7. 두부, 어슷 썬 대파와 홍고추를 넣고 30초간 끓여주세요.

8. 기호에 따라 고춧가루 1숟가락을 넣으면 더욱 얼큰한 찌개가 됩니다.

tip. 입맛에 따라 소금 또는 새우젓으로 간을 맞춰주세요. 식으면 짠맛이 살아나니 약간 싱겁다 싶을 정도로 간을 맞춥니다.

WINTER THIRD WEEK

겨울 3주 : 장보기

재료	수량	가격(원)	요리
바지락	400g	3,800	바지락찜
			바지락시금치된장국
방울토마토	4~6개	2,480(180g)	바지락찜
시금치	400g	1,980	바지락시금치된장국
			시금치고추장무침
뱅어포	5장	5,900	뱅어포조림
마늘종	200g	1,950	마늘종무침
깐 마늘	300g	2,780	마늘장아찌
			바지락찜
		18,890	

겨울 3주 : 메뉴 소개

바지락찜

캠핑, 손님 초대 요리 또는 술안주로도 일품인 간단하고 매력적인 요리예요.

바지락 시금치된장국

바지락의 시원함, 시금치의 달큰함, 된장의 구수함, 삼박자가 어우러져 밥을 푹 말아 먹고 싶어요.

시금치 고추장무침

시금치를 매콤달콤하게 무치면 또 색다른 맛이에요.

뱅어포조림

칼슘왕 뱅어포는 단짠단짠의 매력에 멈출 수가 없고, 도시락의 품격을 올려주는 반찬입니다.

마늘종무침

매콤달콤 아삭한 맛이 입맛을 돋워요. 어려울 것 같지만 너무 간단해서 더 놀라운 밑반찬이죠.

마늘장아찌

두고 두고 먹을 수 있는 든든한 밑반찬. 아린 맛의 마늘장아찌를 원한다면 삭히는 과정을 생략합니다.

바지락찜

3 week
겨울

조리시간
20분

보관기간
냉장 2일

장보기 재료

바지락 300g
방울토마토 4~6개
통마늘 2개

기본재료

- 쪽파(또는 대파) 1/2대
- 청양고추 1개
- 식용유 1숟가락
- 버터 20g
- 소금 2.3숟가락
- 물 100㎖
- 맛술 2숟가락

1. 물에 소금 2숟가락을 녹이고 한 번 씻은 바지락 300g을 담가 뚜껑을 덮고 1시간 정도 해감한 후 여러 번 깨끗이 닦아서 체에 담아 물기를 빼주세요.

2. 방울토마토 4~6개는 반으로 자르고, 통마늘 2개는 얇게 썰어주세요.

3. 쪽파(또는 대파) 1/2대, 청양고추 1개는 송송 썰어주세요.

4. 팬에 식용유 1숟가락을 두르고 중불에 마늘을 볶아주세요.

5. 중불을 유지하면서 방울토마토와 송송 썬 청양고추를 넣고 볶아주세요.

6. 세척한 바지락과 버터 20g을 넣고 살살 섞은 후 물 100㎖, 맛술 2숟가락을 넣고 뚜껑을 덮어서 센 불에 끓여주세요.

7. 바지락 껍데기가 벌어지면 소금 0.3숟가락을 넣고 끓이다 송송 썬 쪽파(또는 대파)를 올려주세요.

tip. 바지락을 오래 끓이면 살이 질겨집니다.

바지락시금치된장국

3 week
겨울

조리시간
25분

보관기간
냉장 3일

장보기 재료

바지락 100g
시금치 1/4단(100g)

기본재료

□ 양파 1/4개
□ 대파 1/2대
□ 청양고추 1개
□ 홍고추 1개
□ 물 800㎖
□ 된장 1~1.5숟가락
□ 다진 마늘 0.5숟가락
□ 소금 1+α숟가락
□ 국물용 멸치 10마리

1. 물에 소금 1숟가락을 녹이고 한 번 씻은 바지락 100g을 담가 뚜껑을 덮고 1시간 정도 해감한 후 여러 번 깨끗이 닦아서 체에 담아 물기를 빼주세요.

2. 시금치 1/4단(100g)은 다듬어 씻어서 뿌리 쪽부터 세로로 길게 2~4등분한 후 가로로 반을 잘라주세요.

3. 양파 1/4개는 채 썰고, 대파 1/2대, 청양고추 1개, 홍고추 1개는 어슷썰기를 해주세요.

4. 물 800㎖에 된장 1~1.5숟가락을 풀고 손질한 국물용 멸치 10마리, 채 썬 양파를 넣고 끓여주세요.

tip. 된장 염도는 제품마다 차이가 있으니 조절해주세요.

5. 물이 끓으면 다진 마늘 0.5숟가락, 시금치, 바지락을 넣고 한 번 더 끓여주세요.

6. 국물이 끓으면 소금으로 간을 맞추고, 어슷 썬 대파, 청양고추, 홍고추를 넣어주세요.

tip. 취향에 따라 고춧가루 1숟가락을 넣으면 얼큰한 된장국이 됩니다.

3 week
겨울

시금치고추장무침

조리시간
15분

보관기간
냉장 3일

장보기 재료

시금치 3/4단(300g)

기본재료

- ☐ 소금 1숟가락
- ☐ 대파 흰 부분 1/2대
- ☐ 다진 마늘 0.5숟가락
- ☐ 고추장 1숟가락
- ☐ 매실액 1숟가락
- ☐ 깨 1숟가락

1. 시금치 3/4단(300g)을 다듬어서 여러 번 씻어 흙을 제거해주세요.

tip. 시금치 뿌리는 살짝 제거하거나 뿌리를 다듬은 후 2~4등분 길게 잘라줍니다.

2. 끓는 물에 소금 1숟가락을 넣고 시금치를 30초간 데친 후 찬물에 헹궈 물기를 꽉 짜주세요.

3. 데친 시금치를 먹기 좋은 크기로 잘라주세요.

4. 대파 흰 부분 1/2대는 세로로 길게 4등분한 후 다져주세요.

5. 다진 마늘 0.5숟가락, 다진 대파, 고추장 1숟가락, 매실액 1숟가락을 골고루 섞어서 양념장을 만들어주세요.

6. 시금치에 양념을 넣고 골고루 무쳐주세요.

7. 깨 1숟가락을 넣고 섞어주세요.

뱅어포조림

3 week
겨울

조리시간
20분

보관기간
냉장 10일

장보기 재료

뱅어포 5장

기본재료

☐ 고추장 2숟가락
☐ 올리고당 3숟가락
☐ 물 3숟가락
☐ 맛술 1숟가락
☐ 식용유 2숟가락
☐ 깨 1숟가락

1. 뱅어포 5장은 부스러기를 털어주세요.

2. 기름을 두르지 않은 마른 프라이팬에 뱅어포를 앞뒤로 살짝 구워 비린내를 제거해주세요.

3. 살짝 구운 뱅어포를 5×4cm 크기로 잘라주세요.

4. 고추장 2숟가락, 올리고당 3숟가락, 물 3숟가락, 맛술 1숟가락을 골고루 섞어 양념장을 만들어주세요.

5. 달군 프라이팬에 식용유 2숟가락을 두르고 뱅어포를 볶은 후 식혀주세요.

6. 양념장을 약불에 끓여주세요.

7. 양념이 끓으면 뱅어포를 넣고 살살 섞어가며 조려주세요.

8. 깨 1숟가락을 골고루 뿌려주세요.

3 week
겨울

마늘종무침

조리시간
10분

보관기간
냉장 10일

240

장보기 재료

마늘종 200g

기본재료

- 고추장 1숟가락
- 고춧가루 1숟가락
- 올리고당 2숟가락
- 매실액 1숟가락
- 깨 0.5숟가락
- 소금 0.5숟가락

1. 깨끗이 씻은 마늘종 200g을 5cm 길이로 잘라주세요.

2. 끓는 물에 소금 0.5숟가락을 넣고 마늘종을 30초간 데친 후 찬물에 헹궈 물기를 빼주세요.

3. 고추장 1숟가락, 고춧가루 1숟가락, 올리고당 2숟가락, 매실액 1숟가락을 골고루 섞어 양념장을 만들어주세요.

4. 데친 마늘종에 양념장을 넣고 골고루 버무려주세요.

5. 깨 0.5숟가락을 넣고 골고루 섞어주세요.

마늘장아찌

3 week 겨울

⏱ **조리시간**
20분
(+12일)

❄ **보관기간**
냉장 1달

장보기 재료

깐 마늘 280g

기본재료

- ☐ 생수 100㎖
- ☐ 양조식초 100㎖
- ☐ 천일염(또는 꽃소금) 2숟가락+50㎖
- ☐ 양조간장 50㎖
- ☐ 물 100㎖
- ☐ 설탕 50㎖
- ☐ 매실액 100㎖

1. 깐 마늘 280g은 꼭지 부분을 잘라내고 깨끗이 닦아 물기를 말려주세요.

tip. 오래되지 않은 햇마늘을 준비하세요.

2. 좁고 깊은 강화유리 반찬통에 마늘을 넣어주세요.

tip. 한 달 이상 보관하려면 강화유리 반찬통에 넣어주세요. 좁고 깊어야 마늘이 푹 잠길 수 있어요.

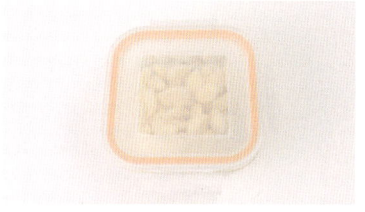

3. 생수 100㎖에 양조식초 100㎖, 천일염(또는 꽃소금) 2숟가락을 섞어서 붓고 뚜껑을 닫아서 이틀 동안 어두운 곳에 실온 보관하여 마늘의 아린 맛을 없애주세요.

4. 이틀 후 마늘 삭힌 물과 마늘을 분리해주세요.

5. 마늘 삭힌 물 100㎖, 양조간장 50㎖, 천일염 50㎖, 물 100㎖, 설탕 50㎖를 섞고 설탕이 녹을 정도로 저은 후 센 불에 끓여주세요. 간장물이 끓어오르면 불을 끕니다.

6. 끓인 간장물에 매실액 100㎖를 섞고 마늘에 부어주세요.

7. 마늘이 위로 뜨지 않도록 누름틀을 올리거나 위생백으로 덮고 접시로 눌러주세요.

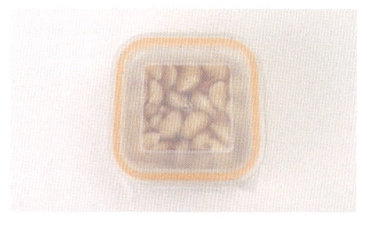

8. 서늘한 곳에 10일간 두었다가 냉장 보관해주세요.

WINTER FOURTH WEEK

겨울 4주 : 장보기

재료	수량	가격(원)	요리
말린 양미리	10마리	7,700(20마리)	양미리간장조림
냉이	400g	2,000	냉이된장무침
			냉이된장국
꽃새우	50g	4,900(100g)	꽃새우고추장볶음
고구마줄기	400g	2,800	고구마줄기볶음
돼지고기 앞다리살(찌개용)	300g	5,340	촌돼지두루치기
		22,740	

겨울 4주 : 메뉴 소개

양미리간장조림
겨울철 알이 꽉 찬 양미리를 짭쪼름한 양념에 조려 먹어보세요.

냉이된장무침
향긋한 냉이에 구수한 된장 소스가 어우러져 더욱 맛있는 겨울 제철 반찬이에요.

냉이된장국
구수하고 깊은 맛의 냉이된장국 하나만 있으면 다른 반찬이 필요 없어요.

꽃새우 고추장볶음
원래 맛있는 새우에 매콤달콤한 맛을 더해 더 맛있어요. 도시락 반찬으로도 좋아요.

고구마줄기볶음
시골 할머니 밥상이 떠오르는 반찬이에요. 부드러운 고구마줄기볶음에 밥을 비벼 먹어도 맛있어요.

촌돼지두루치기
뜨거운 밥 위에 돼지고기와 두부를 올려 쓱쓱 비벼 먹으면 둘이 먹다 둘 다 죽어도 모르는 맛! 아버지 술안주로도 엄지척!

4 week
겨울

양미리간장조림

조리시간
25분

보관기간
냉장 3일

246

장보기 재료

말린 양미리 10마리

기본재료

- 대파 흰 부분 1/2대
- 청양고추 1개
- 홍고추 1개
- 다진 마늘 1숟가락
- 진간장 4~5숟가락
- 물엿 50㎖
- 매실액 1숟가락
- 맛술 1숟가락
- 올리고당(또는 물엿) 1숟가락
- 물 100㎖
- 깨 1숟가락

1. 말린 양미리 10마리는 지느러미를 떼어내고 깨끗이 씻어서 3등분으로 잘라 물에 담가두세요.

2. 대파 흰 부분 1/2대, 청양고추 1개, 홍고추 1개는 2.5cm 길이로 잘라주세요.

3. 물 100㎖에 다진 마늘 1숟가락, 진간장 4~5숟가락, 물엿 50㎖, 매실액 1숟가락, 맛술 1숟가락을 골고루 섞어 양념장을 만들어주세요.

4. 양미리에 양념장을 붓고 센 불에 끓여주세요.

5. 양념이 끓으면 중약불로 줄이고 양념장을 숟가락으로 떠서 골고루 뿌린 후 뚜껑을 덮고 10분간 조려주세요.

6. 대파, 청양고추, 홍고추를 넣고 1분간 끓여주세요.

7. 올리고당(또는 물엿) 1숟가락을 넣고 골고루 섞어 윤기를 더해주세요.

8. 깨 1숟가락을 뿌려주세요.

냉이된장무침

4 week
겨울

조리시간
20분

보관기간
냉장 5일

장보기 재료

냉이 200g

기본재료

- 소금 1숟가락
- 다진 마늘 0.5숟가락
- 국간장 1숟가락
- 매실액 1숟가락
- 된장 0.5숟가락
- 참기름 1숟가락
- 깨 0.5숟가락

1. 냉이 200g은 뿌리 부분을 다듬은 후 여러 번 깨끗이 씻어서 흙을 제거해주세요.

2. 끓는 물에 소금 1숟가락을 넣고 냉이를 1분간 데쳐주세요.

3. 데친 냉이를 찬물에 헹군 후 물기를 꽉 짜고 5cm 길이로 잘라주세요.

tip. 물기 짠 냉이 덩어리를 열십자(+)로 자르면 편해요.

4. 다진 마늘 0.5숟가락, 국간장 1숟가락, 매실액 1숟가락, 된장 0.5숟가락, 참기름 1숟가락을 골고루 섞어서 양념장을 만들어주세요.

5. 물기 짠 냉이에 양념장을 골고루 무쳐주세요.

6. 깨 0.5숟가락을 넣고 섞어주세요.

냉이된장국

4 week 겨울

조리시간 25분
보관기간 냉장 3일

250

장보기 재료

냉이 200g

기본재료

- 양파 1/2개
- 대파 1/2대
- 청양고추 1개
- 홍고추 1개
- 물 600㎖
- 된장 2~3숟가락
- 국물용 멸치 1줌
- 다진 마늘 0.5숟가락
- 멸치액젓(또는 소금) 조금

1. 냉이 200g은 뿌리 부분을 다듬은 후 여러 번 깨끗이 씻어서 흙을 제거하고 3cm 길이로 잘라주세요.

2. 양파 1/2개는 채썰기, 대파 1/2대, 청양고추 1개, 홍고추 1개는 어슷썰기를 해주세요.

3. 물 600㎖에 국물용 멸치 1줌, 채 썬 양파, 된장 2~3숟가락을 풀고 센 불에 끓여주세요.

4. 국물이 끓으면 냉이, 다진 마늘 0.5숟가락, 어슷 썬 청양고추, 대파 흰 부분을 넣고 5분 정도 끓여주세요.

tip. 된장국은 오래 끓일수록 맛이 진하게 우러나요.

5. 멸치액젓(또는 소금)으로 간을 맞춰주세요.

6. 어슷 썬 대파 푸른 부분과 홍고추를 넣고 한 번 더 살짝 끓여주세요.

꽃새우고추장볶음

4 week 겨울

조리시간
10분

보관기간
냉장 10일

장보기 재료

꽃새우 50g

기본재료

- ☐ 물 2숟가락
- ☐ 고추장 1숟가락
- ☐ 진간장 1숟가락
- ☐ 다진 마늘 0.3숟가락
- ☐ 매실액 1숟가락
- ☐ 올리고당 2숟가락
- ☐ 깨 1숟가락
- ☐ 식용유 1숟가락

1. 꽃새우 50g을 체에 담아 부스러기를 털어주세요.

2. 물 2숟가락, 고추장 1숟가락, 진간장 1숟가락, 다진 마늘 0.3숟가락, 매실액 1숟가락을 골고루 섞어서 양념장을 만들어주세요.

3. 기름을 두르지 않은 마른 팬에 꽃새우를 1분간 중불에 볶아주세요.

4. 프라이팬에 식용유 1숟가락을 두르고 양념장을 약불에 볶듯이 끓여주세요.

5. 양념이 끓으면 꽃새우를 넣고 골고루 섞어가며 볶아주세요.

6. 올리고당 2숟가락을 골고루 섞어 윤기를 내주세요.

7. 깨 1숟가락을 골고루 섞어주세요.

8. 볶은 꽃새우가 서로 붙지 않게 넓게 펼쳐서 식힌 후 반찬통에 담아주세요.

고구마줄기볶음

4 week 겨울

조리시간 15분

보관기간 냉장 5일

254

장보기 재료

깐 고구마 줄기 400g

기본재료

- 청양고추 1개
- 홍고추 1개
- 소금 0.5숟가락
- 들기름 2숟가락
- 국간장 2숟가락
- 다진 마늘 0.5숟가락
- 깨 1숟가락

1. 깐 고구마 줄기 400g은 깨끗이 씻어서 5cm 길이로 잘라주세요.

tip. 고구마 줄기는 껍질 벗긴 것을 사용해야 합니다.

2. 끓는 물에 소금 0.5숟가락을 넣고 고구마 줄기를 5~8분간 삶아서 찬물에 헹궈 물기를 빼주세요.

tip. 아삭한 식감을 살리려면 5분, 부드러운 식감을 원하면 8분간 삶아주세요.

3. 청양고추 1개, 홍고추 1개는 어슷썰기를 해주세요.

4. 기름을 두르지 않은 프라이팬에 고구마 줄기를 수분이 날아가도록 센 불에 1~2분 볶아주세요.

5. 들기름 2숟가락을 두르고 볶아주세요.

6. 국간장 2숟가락, 다진 마늘 0.5숟가락을 넣고 볶아주세요.

7. 어슷 썬 청양고추, 홍고추를 넣고 볶아주세요.

8. 깨 1숟가락을 섞어주세요.

4 week 겨울

촌돼지두루치기

⏱ 조리시간
25분

❄ 보관기간
냉장 3일

장보기 재료

돼지고기 앞다리살 300g
(찌개용)

기본재료

- 신김치 150g
- 양파 1/2개
- 당근 1/3개
- 대파 1/2대
- 청양고추 1개
- 홍고추 1개
- 다진 마늘 0.5숟가락
- 진간장 2숟가락
- 고추장 1숟가락
- 고춧가루 1숟가락
- 설탕 1숟가락
- 참기름 1숟가락

1. 돼지고기 앞다리살 300g은 먹기 좋은 크기로 도톰하게 썰어주세요.

2. 양파 1/2개는 3mm 두께로 채 썰고, 당근 1/3개는 3mm 두께로 반달썰기를 해주세요.

3. 대파 1/2대, 청양고추 1개, 홍고추 1개는 어슷썰기를 해주세요.

4. 신김치 150g은 2.5×4cm 크기로 썰어주세요.

5. 다진 마늘 0.5숟가락, 진간장 2숟가락, 고추장 1숟가락, 고춧가루 1숟가락, 설탕 1숟가락, 참기름 1숟가락을 섞어서 양념장을 만들어주세요.

6. 돼지고기와 신김치에 채 썬 양파, 당근, 어슷 썬 청양고추, 양념장을 넣고 골고루 섞어서 10분 정도 재워두세요.

tip. 비계가 많은 부위를 골라야 기름지고 시골스러운 맛을 느낄 수 있어요.

7. 양념한 고기를 중불에 뚜껑을 덮고 익혀주세요.

8. 고기 겉면이 익기 시작하면 뚜껑을 열고 센 불에서 골고루 섞어가며 볶은 후 고기가 완전히 익으면 어슷 썬 대파, 홍고추를 넣고 한 번 뒤적여주세요.

2만원으로 일주일 집밥 만들기

****

Part
5

홈
파티

가끔 집에서 제대로 차려 먹고 싶은 날,
손이 많이 가진 않지만 보기에도 예쁘고 푸짐하게 먹을 수 있는
홈파티 메뉴를 소개합니다.

HOME PARTY
홈파티

가지튀김샐러드

조리시간
20분

보관기간
냉장 1일

장보기 재료

가지 2개
샐러드용 상추 30~50g
방울토마토 8개

기본재료

☐ 청양고추 1/3개
☐ 홍고추 1/3개
☐ 양파 1/10개
☐ 튀김가루 150㎖
☐ 물 100㎖
☐ 진간장 3숟가락
☐ 식초 6숟가락
☐ 다진 마늘 0.3숟가락
☐ 올리고당 1숟가락
☐ 올리브유 1숟가락

1. 가지 2개를 길게 반으로 잘라 2.5cm 두께로 반달썰기를 해주세요.

2. 튀김가루 150㎖, 물 100㎖(1.5:1)를 섞어서 튀김반죽을 만들어주세요.

3. 자른 가지에 튀김반죽을 골고루 묻혀 주세요.

4. 기름이 예열되면 불을 조금 줄이고 가지를 튀긴 후 키친타월 또는 튀김망에 올려 식혀주세요.

tip. 불 조절을 하지 않으면 온도가 올라가 튀김옷이 탈 수 있어요. 튀김에 적당한 온도는 180도 정도입니다. 튀김반죽을 조금 떨어뜨려 떠오르면 알맞은 온도이지만 계속 가열하다 보면 온도가 자꾸 올라가요. 불 조절을 하면서 튀깁니다.

5. 청양고추 1/3개, 홍고추 1/3개, 양파 1/10개를 잘게 다져주세요.

6. 진간장 3숟가락, 식초 6숟가락, 다진 마늘 0.3숟가락, 올리고당 1숟가락, 올리브유 1숟가락, 다진 청양고추, 홍고추, 양파를 골고루 섞어 드레싱을 만들어주세요.

7. 샐러드용 상추 30~50g을 먹기 좋은 크기로 찢고, 방울토마토 8개를 반으로 잘라 접시에 담아주세요.

8. 가지튀김을 드레싱과 함께 냅니다.

차슈

HOME PARTY 홈파티

⏱ **조리시간**
40분

❄ **보관기간**
냉장 3일

장보기 재료

통삼겹살 600g(두께 5cm)

파채 50g

기본재료

- 양파 1개
- 대파 흰 부분 1/2대
- 청양고추 2개
- 통마늘 5개
- 검은깨 0.5숟가락
- 물 600㎖
- 맛술 50㎖
- 진간장 100㎖
- 다진 생강(또는 생강가루) 0.5숟가락
- 설탕 4숟가락

1. 양파 1개는 4등분하고, 대파 흰 부분 1/2대, 청양고추 2개는 5cm 길이로 잘라주세요.

2. 파채 50g은 깨끗이 씻어서 물기를 빼주세요.

tip. 대파를 길게 절반으로 자른 후 돌돌 말아서 얇게 채 썰고 찬물에 담가두었다 물기를 뺍니다.

3. 통삼겹살 600g을 앞, 뒤, 옆면을 골고루 구워서 키친타월에 올려 기름기를 빼주세요.

tip. 속까지 익히지 않고 겉면만 구우면 됩니다. 에어프라이어를 사용할 경우 200도에서 10분간 구워주세요.

4. 물 600㎖에 맛술 50㎖, 진간장 100㎖, 다진 생강(또는 생강가루) 0.5숟가락, 설탕 4숟가락, 통마늘 5개, 손질한 양파, 대파, 청양고추를 넣고 소스를 끓여주세요.

tip. 소스가 끓어 넘치면 불을 줄여주세요.

5. 간장 소스에 구운 삼겹살을 넣고 센 불에 10분간 끓여주세요.

6. 소스가 끓으면 약불로 줄이고 간장 소스를 삼겹살에 골고루 뿌려가며 5~10분간 조려주세요.

7. 조린 통삼겹살을 건져 식힌 후 0.3~0.5cm 두께로 썰어주세요.

8. 접시에 파채를 깔고 차슈를 올린 후 간장 소스를 두르고 검은깨 0.5숟가락을 뿌려주세요.

잡채

조리시간 35분

보관기간 냉장 3일

장보기 재료

당면 100g
목이버섯 조금
사각어묵 2장
맛살 3개
시금치 100g
달걀 1개
돼지고기(잡채용) 100g

기본재료

☐ 양파 1/2개
☐ 당근 1/4개
☐ 식용유 1~2숟가락
☐ 진간장 4숟가락
☐ 국간장 1숟가락
☐ 흑설탕 2숟가락
☐ 다진 마늘 0.5숟가락
☐ 참기름 1숟가락
☐ 깨 1숟가락

1. 당면 100g과 목이버섯을 각각 미지근한 물에 30분 이상 담가 불려주세요.

2. 양파 1/2개, 당근 1/4개는 얇게 채 썰어주세요.

3. 사각어묵 2장, 맛살 3개는 반으로 자른 후 길쭉하게 썰어주세요.

4. 시금치 100g은 깨끗이 씻어서 끓는 물에 30초간 데친 후 찬물에 헹궈 물기를 꽉 짜고 밑동을 잘라주세요.

5. 달걀 1개는 흰자와 노른자를 분리해서 약불에 각각 지단을 부친 후 채 썰어주세요.

6. 팬에 식용유 1~2숟가락을 두르고 채 썬 양파, 돼지고기, 맛살, 어묵, 당근 순서로 각각 볶아주세요.

7. 물 600㎖에 흑설탕 1숟가락, 국간장 1숟가락을 넣고 끓으면 당면을 삶아서 물기를 뺀 후 펼쳐 한 김 식혀주세요.

tip. 흑설탕을 사용해야 당면이 갈색으로 진하게 물들어 더 맛있어 보여요.

8. 삶은 당면에 진간장 4숟가락, 흑설탕 1숟가락, 다진 마늘 0.5숟가락을 골고루 섞어서 한 번 볶아주세요.

9. 양념한 당면에 6의 재료와 불린 목이버섯, 데친 시금치를 넣고 골고루 섞어가며 볶아주세요.

10. 참기름 1숟가락을 골고루 버무린 후 달걀 지단을 올리고 깨 1숟가락을 뿌려주세요.

고추잡채

HOME PARTY
홈파티

조리시간
25분

보관기간
냉장 3일

장보기 재료

빨강 파프리카 1/2개
피망 1개
표고버섯 2개
새송이버섯 1개
팽이버섯 1/2봉지(75g)
돼지고기(잡채용) 100g

기본재료

☐ 양파 1/2개
☐ 대파 1대
☐ 식용유 2순가락
☐ 다진 마늘 0.5순가락
☐ 진간장 1순가락
☐ 굴소스 1순가락
☐ 고추기름 1순가락
☐ 참기름 1순가락
☐ 소금 0.3순가락
☐ 후춧가루 조금

1. 빨강 파프리카 1/2개와 피망 1개는 반으로 잘라 씨를 제거하고 0.3cm 두께로 채 썰어주세요.

tip. 피망 대신 오이맛고추 3~4개를 넣어도 됩니다.

2. 표고버섯 2개는 머리와 기둥을 각각 분리해서 0.3cm 두께로 편 썰고, 새송이버섯 1개는 길게 0.3cm 두께로 썬 후 채 썰어주세요. 팽이버섯 1/2봉지는 밑동을 잘라내고 가닥가닥 찢어주세요.

3. 양파 1/2개는 채 썰고, 대파 1대는 송송 썰어주세요.

4. 팬에 식용유 2순가락을 두르고 송송 썬 대파, 다진 마늘 0.5순가락을 센 불에 빠르게 볶아주세요.

5. 돼지고기 100g, 소금 0.3순가락, 후춧가루 조금, 채 썬 양파, 고추기름 1순가락을 넣고 볶아주세요.

tip. 돼지고기 대신 소고기를 넣어도 됩니다.

6. 편 썬 표고버섯, 채 썬 새송이버섯을 넣고 볶아주세요.

7. 진간장 1순가락, 굴소스 1순가락을 넣고 골고루 볶아주세요.

8. 채 썬 피망, 파프리카, 팽이버섯을 넣고 볶아주세요.

9. 참기름 1순가락을 골고루 섞어주세요.

tip. 꽃빵을 함께 곁들이면 더 고급스러운 요리가 됩니다.

HOME PARTY
홈파티

유산슬

조리시간
25분

보관기간
냉장 2일

장보기 재료

죽순 1/2캔
표고버섯 3개
팽이버섯 1/2봉지(75g)
빨강 파프리카 1/2개
노랑 파프리카 1/2개
청경채 3대
돼지고기(잡채용) 100g
해물모둠 200g
대하 6마리

기본재료

- 양파 1/2개
- 대파 1대
- 소금 2꼬집
- 후춧가루 조금
- 맛술 0.5숟가락
- 식용유 2숟가락
- 다진 마늘 0.5숟가락
- 물 200㎖ + 2숟가락
- 굴소스 2숟가락
- 녹말 0.5숟가락

1. 죽순 1/2캔과 표고버섯 3개(기둥과 머리를 나눠서)는 0.2cm 두께로 편 썰고, 팽이버섯 1/2봉지는 밑동을 잘라내고 가닥가닥 찢어주세요.

tip. 죽순은 캔으로 구입하면 편리합니다.

2. 빨강·노랑 파프리카 각 1/2개는 씨를 제거한 후 0.3cm 두께로 길게 썰어주세요. 양파 1/2개는 채썰기, 대파 1대는 송송 썰어주세요.

3. 청경채 3대는 밑동을 살짝 잘라 잎을 떼어내세요.

4. 돼지고기 100g에 소금 2꼬집, 후춧가루 조금, 맛술 0.5숟가락을 버무려 밑간을 해주세요.

5. 해물모둠 200g, 대하 6마리는 끓는 물에 데치고 헹궈서 물기를 빼주세요.

tip. 오징어, 바지락 등 다양한 해물을 따로 준비해도 됩니다.

6. 팬에 식용유 2숟가락을 두르고 송송 썬 대파, 다진 마늘 0.5숟가락을 볶아주세요.

7. 채 썬 양파와 밑간한 돼지고기를 넣고 볶아주세요.

8. 굴소스 2숟가락, 편 썬 죽순, 표고버섯, 파프리카, 해물모둠을 넣고 골고루 섞어가며 볶아주세요.

9. 물 200㎖, 팽이버섯, 청경채를 넣고 뚜껑을 덮어서 끓여주세요.

10. 청경채 숨이 죽으면, 녹말 0.5숟가락과 물 2숟가락을 섞은 전분물을 조금씩 나눠 넣으며 걸쭉하게 만들고 소금으로 간을 맞춰주세요.

HOME PARTY
홈파티

훈제오리단호박구이

조리시간
25분

보관기간
냉장 3일

장보기 재료

단호박 1개(보통 크기)
훈제오리 300g
모차렐라 치즈 50g

기본재료

☐ 파슬리(또는 쪽파) 조금

1. 단호박 1개는 겉면을 여러 번 깨끗이 닦은 후 전자레인지에 3분 돌려서 부드러워지면 윗면을 3cm 정도 잘라내고 속에 있는 씨를 모두 파냅니다. 단호박 뚜껑은 버리지 않고 둡니다.

tip. 전자레인지에서 꺼낼 때 뜨거우니 마른 행주를 이용하세요.

2. 에어프라이어 또는 예열한 오븐에 단호박을 넣고 190~200도에 10분간 구워주세요.

3. 훈제오리 300g은 0.5cm 두께로 썰어주세요.

4. 훈제오리를 앞뒤로 구워서 키친타월에 올려 기름기를 빼주세요.

5. 단호박 속에 구운 훈제오리와 모차렐라 치즈 50g을 순서대로 넣고 단호박 뚜껑을 덮어주세요.

6. 에어프라이어 또는 예열한 오븐에 넣고 180도에 5분간 구워주세요.

7. 녹은 치즈 위에 파슬리(또는 쪽파)를 뿌리고 단호박을 8~16등분으로 잘라 펼쳐주세요.

HOME PARTY 홈파티

훈제오리쌈

조리시간 20분

보관기간 냉장 3일

장보기 재료

무순 40g
쪽파 50g
빨강 파프리카 1/2개
노랑 파프리카 1/2개
피망 1/2개
당근 1개
훈제오리 200g
쌈무 350g

기본재료

- 소금 1숟가락
- 연겨자 1숟가락
- 다진 마늘 0.3숟가락
- 2배식초 3숟가락
- 설탕 1숟가락
- 올리고당 2숟가락
- 깨 0.3숟가락

1. 손질한 쪽파 50g과 무순 40g은 깨끗이 씻어서 물기를 빼주세요.

2. 빨강·노랑 파프리카 각 1/2개와 피망 1/2개는 반으로 잘라 씨를 제거하고 0.5cm 두께로 채 썰어주세요.

3. 당근 1개는 0.5cm 두께로 채 썰어주세요.

4. 훈제오리 200g은 1.5cm 두께로 썬 후 앞뒤로 구워서 키친타월에 올려 살살 눌러가며 기름기를 닦아주세요.

5. 끓는 물에 소금 1숟가락을 넣고 쪽파를 뿌리부터 넣어 데치고 찬물에 헹군 후 물기를 꽉 짜주세요.

tip. 쪽파를 넣었다 빼는 정도로 짧게 데칩니다.

6. 쌈무 1장을 펼치고 무순 3~5가닥, 채 썬 파프리카, 피망, 당근 2~3개, 훈제오리 2쪽을 올려주세요.

tip. 예쁘게 보이도록 속재료를 쌈무 밖으로 나오도록 놓아주세요.

7. 쌈무를 말아서 데친 쪽파로 돌돌 말아 묶어주세요.

8. 연겨자 1숟가락, 다진 마늘 0.3숟가락, 2배식초 3숟가락, 설탕 1숟가락, 올리고당 2숟가락, 깨 0.3숟가락을 골고루 섞어서 겨자 소스를 만들어 함께 냅니다.

오징어숙회파말이

HOME PARTY
홈파티

조리시간
20분

보관기간
냉장 2일

장보기 재료

통오징어 2마리
빨강 파프리카 1/2개
노랑 파프리카 1/2개
쪽파 50g

기본재료

☐ 소금 2숟가락
☐ 고추장 1숟가락
☐ 다진 마늘 0.5숟가락
☐ 설탕 0.5숟가락
☐ 올리고당 1.5숟가락
☐ 식초 3숟가락
☐ 깨 1숟가락

1. 빨강·노랑 파프리카 각 1/2개는 씨를 제거하고 0.5cm 두께로 채 썰어주세요.

2. 쪽파 50g은 뿌리를 살짝 잘라내고 깨끗이 씻어주세요.

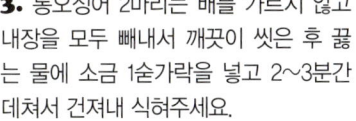

3. 통오징어 2마리는 배를 가르지 않고 내장을 모두 빼내서 깨끗이 씻은 후 끓는 물에 소금 1숟가락을 넣고 2~3분간 데쳐서 건져내 식혀주세요.

tip. 오징어 크기와 개수에 따라 데치는 시간이 다릅니다.

4. 끓는 물에 소금 1숟가락을 넣고 쪽파를 뿌리부터 넣어 데친 후 찬물에 헹궈서 물기를 꽉 짜주세요.

tip. 쪽파를 넣었다 빼는 정도로 짧게 데칩니다.

5. 데친 오징어는 1.5cm 두께의 링 모양으로 잘라주세요.

6. 오징어 링 위에 빨강, 노랑 파프리카를 올려서 쪽파로 말아 묶어주세요.

7. 고추장 1숟가락, 다진 마늘 0.5숟가락, 설탕 0.5숟가락, 올리고당 1.5숟가락, 식초 3숟가락, 깨 1숟가락을 골고루 섞어 초고추장을 만들어주세요.

8. 접시 가운데 초고추장 종지를 올리고 주변으로 동그랗게 오징어숙회파말이를 올려주세요.

공심채돼지고기볶음

HOME PARTY
홈파티

조리시간
15분

보관기간
냉장 3일

장보기 재료

공심채 200g
돼지고기 앞다리살 200g
(불고기용)

기본재료

- 식초 1숟가락
- 통마늘 2개
- 청양고추 1개
- 홍고추 1개
- 식용유 1숟가락
- 굴소스 2숟가락
- 멸치액젓 1숟가락
- 깨 0.5숟가락

1. 물에 식초 1숟가락을 넣고 공심채 200g을 담가서 흔들어가며 여러 번 헹궈주세요.

2. 공심채를 4등분한 후(7.5~10cm) 굵은 대와 잎을 나눠주세요.

3. 통마늘 2개는 얇게 편 썰고, 청양고추 1개, 홍고추 1개는 송송 썰어주세요.

4. 돼지고기 앞다리살 200g은 5cm 크기로 썰어주세요.

5. 팬에 식용유 1숟가락을 두르고 편 썬 마늘, 돼지고기를 센 불에 볶아주세요.

6. 공심채의 굵은 대와 송송 썬 청양고추를 넣고 볶아주세요.

7. 공심채 숨이 죽으면 멸치액젓 1숟가락, 굴소스 2숟가락을 넣고 볶아주세요.

8. 공심채 잎과 송송 썬 홍고추를 넣고 볶은 후 깨 0.5숟가락을 뿌려주세요.

tip. 재료가 탄다 싶으면 불을 줄여주세요.

새우버터구이 (양파마요네즈 소스)

HOME PARTY
홈파티

조리시간 20분

보관기간 냉장 1일

장보기 재료

칵테일새우(대) 15마리
브로콜리 1/3~1/2송이
버터 20g
페페론치노 0.5~1숟가락

기본재료

☐ 양파 1/3개
☐ 마요네즈 3숟가락
☐ 올리고당 2숟가락
☐ 다진 마늘 0.5숟가락
☐ 소금 0.6숟가락
☐ 후춧가루 조금
☐ 쪽파(또는 파슬리) 조금

1. 칵테일새우(대) 15마리를 깨끗이 씻어서 물기를 닦아주세요.

2. 브로콜리 1/3~1/2송이는 깨끗이 씻어서 작게 잘라주세요.

3. 끓는 물에 소금 0.5숟가락을 넣고 브로콜리를 1분간 데친 후 물기를 빼주세요.

4. 달군 프라이팬에 버터 20g, 다진 마늘 0.5숟가락을 넣고 버터가 녹을 때까지 중불에 볶아주세요.

5. 페페론치노 0.5~1숟가락, 칵테일새우, 소금 0.1숟가락(2꼬집), 후춧가루를 조금 넣고 골고루 볶아주세요.

6. 물기를 뺀 브로콜리를 넣고 1분 정도 볶아주세요.

7. 양파 1/3개, 마요네즈 3숟가락, 올리고당 2숟가락을 믹서에 갈아 양파마요네즈 소스를 만들어주세요.

8. 접시에 새우버터구이를 올리고 양파마요네즈 소스에 쪽파(또는 파슬리)를 뿌려주세요.

tip. 브로콜리는 손질해서 냉동 보관해두고 필요할 때 편하게 데쳐서 사용하면 됩니다.

굴전

HOME PARTY
홈파티

조리시간
30분

보관기간
냉장 1일

장보기 재료

생굴 300g

기본재료

- 천일염 1숟가락
- 당근 1/3개
- 양파 1/3개
- 대파 푸른 부분(또는 쪽파) 1/2대
- 청양고추 1/2개
- 달걀 2개
- 소금 0.3숟가락
- 식용유 2숟가락
- 양조간장 3숟가락
- 식초 2숟가락
- 깨 0.5숟가락

1. 생굴 300g은 여러 번 헹군 후 천일염 1숟가락을 넣고 조물조물 섞은 후 찬물에 다시 여러 번 헹궈 물기를 빼주세요.

2. 당근 1/3개, 양파 1/3개, 대파 푸른 부분 1/2대는 잘게 다져주세요.

3. 청양고추 1/2개는 씨를 제거하고 다지듯이 썰어주세요.

4. 달걀 2개를 풀어서 소금 0.3숟가락, 다진 당근, 양파, 대파를 섞어주세요.

5. 달군 프라이팬에 식용유 2숟가락을 두르고 약불에서 달걀물을 1숟가락씩 타원으로 펼쳐주세요.

6. 펼친 달걀 한쪽에 굴을 1개씩 올려주세요.

7. 달걀이 2/3 정도 익으면 굴 위로 접어 올리고 뒤집어서 구워주세요.

tip. 달걀과 굴이 완전히 익어야 하니 약불에 천천히 구워주세요.

8. 양조간장 3숟가락, 식초 2숟가락, 깨 0.5숟가락, 다진 청양고추를 섞어서 양념장을 만들어주세요.

Intex

ㄱ

가자미구이 • 032
가지냉국 • 154
가지찜무침 • 152
가지튀김샐러드 • 260
감자크로켓 • 076
개두릅초고추장무침 • 070
개두릅장아찌 • 072
개두릅전 • 074
고구마줄기볶음 • 254
고사리나물볶음 • 056
고추잡채 • 266
고춧잎된장무침 • 120
공심채돼지고기볶음 • 276
국밥집 섞박지 • 086
굴전 • 280
깻잎순나물 • 150
깻잎참치전 • 148
꽃새우고추장볶음 • 252
꽈리고추장아찌 • 042

ㄴ

낙지볶음 • 226
냉이된장국 • 250
냉이된장무침 • 248

ㄷ

달콤한 달걀말이 • 090
닭개장 • 052
도라지나물 • 126
동태찌개 • 162
돼지갈비찜 • 066
두부간장조림 • 164
두부두루치기 • 190
두부버섯전골 • 138
땅콩조림 • 048

ㅁ

마늘장아찌 • 242
마늘종무침 • 240
마라샹궈 • 174
마요네즈샐러드 • 038
마파두부 • 206

매운어묵탕 • 110
메추리알소고기장조림 • 030
멸치볶음 • 040
무말랭이무침 • 118
무청된장지짐 • 160
미역줄기볶음 • 156

ㅂ

바지락시금치된장국 • 234
바지락찜 • 232
뱅어포조림 • 238
부추무침 • 124
부추사과무침 • 034
불고기 • 184
브로콜리참깨무침 • 082

ㅅ

삼치간장조림 • 198
새송이조림 • 194
새우버터구이 • 278
소고기된장찌개 • 188
소고기배추된장국 • 026

소고기채소말이구이 • 176
숙주달걀볶음 • 058
숙주닭고기겨자무침 • 060
순두부찌개 • 092
스팸두부샌드 • 140
스팸두부조림 • 108
스팸두부찌개 • 106
시금치고추장무침 • 236
시금치된장무침 • 170

ㅇ

알감자조림 • 136
알배기겉절이 • 024
알배기배추전 • 028
애호박느타리버섯볶음 • 166
애호박무침 • 192
애호박전 • 224
애호박찌개 • 228
양미리간장조림 • 246
어묵조림 • 112
얼갈이김치 • 054
연근돼지고기전 • 208
연근들깨무침 • 180
연근초절임 • 182
열무된장무침 • 130
열무장아찌 • 132
오이겨자무침 • 044
오이볶음 • 046

오이소박이 • 122
오징어숙회파말이 • 274
오징어초무침 • 116
유산슬 • 268

ㅈ

잡채 • 264
조기조림 • 222
진미채무침 • 100
진미채버터구이 • 104
진미채볶음 • 102
찜닭 134

ㅊ

차슈 • 262
참치무조림 • 146
채소찜 • 178
천사채샐러드 • 068
청국장찌개 • 218
초고추장비빔고기 • 196
촌돼지두루치기 • 256
취나물무침 • 062

ㅋ

코다리조림 • 212
콩나물뭇국 • 088
콩나물잡채 • 168

콩나물제육볶음 • 084
콩비지찌개 • 214

ㅌ

톳두부무침 • 220

ㅍ

파래무침 • 204
팽이버섯전 • 094
표고버섯연근조림 • 210
푸딩달걀찜 • 096

ㅎ

훈제오리단호박구이 • 270
훈제오리쌈 • 272

MEMO 2만원으로 일주일 집밥 만들기